Bernhard Thoma

Ein Zimmermann im Auftrag des Herrn

Bernhard Thoma

Ein Zimmermann im Auftrag des Herrn

Wenn Handwerk und Liebe Grenzen überwinden

BONIFATIUS

Bibliografische Information der Deutschen Nationalbibliothek:
Die Deutsche Nationalbibliothek verzeichnet diese Publikation in der Deutschen Nationalbibliografie; detaillierte bibliografische Daten sind im Internet über http://dnb.d-nb.de abrufbar.

Klimaneutrale Produktion.
Gedruckt auf umweltfreundlichem, chlorfrei gebleichtem Papier.

BILDNACHWEISE
Archiv Kirchen für den Osten e.V.: 18, 22, 81, 83, 89, 94, 100, 103, 108, 112, 114, 115, 118, 122, 124, 129, 132, 147, 174, 175, 181, 183, 184, 187, 194, 195
Bernhard Thoma: 26, 29, 40, 41, 48, 49, 54, 58, 61, 72, 92, 102, 136
Andreas Schmidt: 71, 199

Aktualisierte Neuauflage

Umschlaggestaltung: Bonifatius GmbH
Umschlagfoto: © Andreas Schmidt
Satz: Bonifatius GmbH, Paderborn
Druck und Bindung: CPI books GmbH, Leck
Printed in Germany

ISBN 978-3-98790-040-2

Weitere Informationen zum Verlag:
www.bonifatius-verlag.de

FÜR BENEDIKT
UND MARIA

WIE MICH DER VATER
GESANDT HAT,
SO SENDE ICH EUCH

(Johannes 20)

Inhalt

Prolog

Vorab ein kurzes Wort an meine Leserinnen und Leser, quasi ein Vorwort. Eigentlich haben solche Vorworte den Charme eines Strafzettels, sie erinnern an den Spruch: „Der muss immer das letzte Wort haben." Nur, dass es sich hier nicht um das letzte, sondern um das erste handelt.

Wieso sollte ich ein Vorwort lesen, wenn ich doch gleich zur Geschichte springen kann? Und da stimme ich Ihnen nur zu. Ich persönlich lese fast nie ein Vorwort.

Gratulation, wenn Sie es trotzdem bis hierher geschafft haben und dennoch weiterlesen möchten. Sie können sich auch gerne umgehend mit Kapitel 1 beschäftigen, dann geht's gleich los. Für alle, die Interesse daran haben, warum ich dieses Buch schreiben musste, einfach dranbleiben. Ich durfte die Gnade Gottes und seine Führung so oft, so konkret und so praktisch erleben, dass es mir einfach unmöglich ist, nach 29 Jahren als Kirchenbauer nicht vom Wirken des Himmels zu berichten. Bis zum Erscheinen dieses Buches konnten wir mit über 500 freiwilligen Helfern 32 Kirchen in 15 Ländern dieser wundervollen Erde errichten – vom Nordkap bis zum Äquator. Die 33. Kirche ist bereits geplant und soll – so Gott will – in diesem Jahr 2024, in dem das Buch erscheint, errichtet werden. Weitere ca. 50 Klöster, Gemeinden, Kirchen und Ausbildungszentren konnten wir bei der Planung, Sanierung und Finanzierung maßgeblich unterstützen.

Dieses Buch soll keine Autobiografie von meiner Wenigkeit sein, sondern die einmalige, gnadenreiche Geschichte erzählen, die tatsächlich und wahrhaftig in meinem Leben passiert ist. Alle Episoden haben sich in der Realität genau so abgespielt. Möge man mir verzeihen, wenn mein Gedächtnis nach knapp 30 Jahren den einen oder anderen Namen verwechselt, Details durcheinandergebracht oder Geschichten in der Reihenfolge vertauscht haben sollte.

Dieses Buch wurde in der Zeit geschrieben, in der Krieg in Europa herrscht. Es schmerzt mich von Herzen, wenn ich die Kriegsbilder von Städten sehe, die ich selbst besucht habe und in denen ich eine so große Gastfreundschaft erleben durfte. Viele meiner ukrainischen Freunde mussten ihre Heimat verlassen oder sind in den Kriegswirren verwundet worden oder gestorben. Möge der barmherzige Gott die Herzen der Menschen bewegen, wieder auf den Weg eines dauerhaften Friedens und der Versöhnung zwischen den Völkern zurückzukehren.

Ein besonderer Gruß gilt den Leserinnen und Lesern, die dieses Buch gekauft oder als Geschenk bekommen haben, obwohl sie mit „der Kirche" nichts „am Hut haben". Ich persönlich habe bei diesen wilden Abenteuerreisen „Kirche" als authentisch, voller Leben und inspirierend empfunden und deshalb gegenüber der Zukunft der Kirche in Deutschland eine sehr positive Einstellung. Erste Pflänzchen einer neuen Zeit sind heute schon deutlich erkennbar.

Manchmal wäre man versucht, „vom Glauben abzufallen". Wenn, ja wenn da nicht die vielfältigen und mannigfachen Erlebnisse, Abenteuer und sogar kleinen Wunder geschehen wären, die ich als einfacher Zimmermann in diesen Jahren erleben durfte.

Jeder einzelne Mensch ist ein Unikat. Ihn gibt es nur einmal. Jeder hat vielfältige, einzigartige Talente von unserem Schöpfer erhalten. Einige ein Talent, einige fünf Talente, einige zehn Talente. Ist das jetzt ungerecht? Wir sollten den Blickwinkel auf das Ganze richten. Es ist egal, ob man eins plus neun oder zwei plus acht oder sechs plus vier addiert; das Ergebnis ist immer zehn.

Jeder Einzelne trägt ein Stück zum Ganzen bei, selbst ein Zimmermann, wie ich es bin, darf eine Melodie für ein harmonisches Lied beisteuern.

Ich ermuntere Sie, da, wo Sie gerade stehen, Ihre Melodien ebenfalls einzubringen. Dies wird Ihr Leben mit Sicherheit bereichern. In unserer Musikgruppe „Genesis" spielten wir öfter ein Lied der Aschauer Rhythmusgruppe, welches hierzu ganz passend ist: „Jede Zeit hat ihre Lieder, gehen auf, verklingen wieder, gib auch du ein Lied dazu."

Ich wünsche Ihnen nun viel Freude und Momente des Nachdenkens/Innehaltens beim Lesen. Wenn Ihnen das Buch gefallen hat, verschenken Sie es doch einfach weiter, denn geteilte Freude ist bekanntlich doppelte Freude. Hat es Ihnen nicht gefallen, dann macht es sich sicher gut in Ihrem Bücherregal.

Und denken Sie daran:

„Jede Zeit hat ihre Lieder,
gehen auf, verklingen wieder,
gib auch du ein Lied dazu."

Egal, welchen Beruf Sie haben, wie wichtig Sie sind, wie traurig oder wie hoffnungsvoll Ihre Stimmung gerade ist: „Gib auch du ein Lied dazu!"

Das wünscht Ihnen Ihr Bernhard Thoma

Vorwort
Bischof Clemens Pickel

Liebe Leserinnen und Leser,

mit der Auflösung der Sowjetunion an Weihnachten 1991 war der „Eiserne Vorhang" gefallen, der bis dahin an seinem letzten Zipfel gehangen hatte. Paradoxerweise war dies das Ende eines Spektakels. Ein Blick hinter die Kulissen tat sich auf, unter anderem auf ein Schlachtfeld jahrzehntelangen Kampfes gegen Glauben, gegen Kirche, ja gegen Gott. Die Asche glühte noch. Heiligmäßige Menschen, nicht nur Großmütter, hatten die Liebe zum Herrn in ihren Herzen bewahrt und da, wo sie konnten, weitergegeben; heimlich und unter Einsatz ihres Lebens. Einzelstücke religiöser Literatur, die per Hand auf Schreibmaschinen mit Durchschlagpapier „vervielfältigt" wurden, waren Gold wert. Priester hatte man vielerorts jahrzehntelang nicht mehr gesehen. Kirchen ...? Enteignet, missbraucht, zerstört, verfallen. Ich erinnere mich, wie ich mit Kindern in einer Kirchenruine mit Turm und neugotischen Fensterbögen betete und erst zum Schluss bemerkte, dass die Kinder nicht verstanden, was das für ein Gebäude war. Woher sollten sie auch wissen, wie eine Kirche aussieht!? 70 Jahre ohne ...!

Als ich 1991 an die Wolga kam, beteten wir in einem Wohnhaus, dessen nicht tragende Wände entfernt worden waren, damit Platz zum Beten war. Dennoch konnten wir am Heiligabend bei minus 22 Grad nur die Kinder einlassen. 300 Kinder! Die Erwachsenen beteten draußen. Auch an anderen Orten sprossen kleine Gemeinden aus dem Boden.

War das die Bekehrung, von der die Gottesmutter 1917 in Fatima gesprochen hatte? Gut, dass wir katholische – weltweite – Kirche sind! Das Interesse zu helfen war groß. Aber es musste organisiert werden. Wir brauchten Fachleute, Wege und Geld. So dürfen wir die mütterliche Hand der Gottesmutter in einer Fügung erkennen, die wir „die blauen Kirchen“ nannten. Ich hörte damals die Lebensgeschichte von dem mir bis dahin unbekannten Hubert Liebherr. Später kam der Name Bernhard Thoma ins Spiel.

Im Juli 1996 durfte ich dabei sein, als Bischof Pavel Hnilica im Dorf Alexejewka eine dieser blauen Holzkirchen weihte. (Fünf Jahre vorher hatte ich das abgelegene Dorf, in dem sich 90 % der Einwohner deutsch und katholisch nannten, regelrecht „gefunden“.) Auf einer meiner Missionsreisen wurde ich darauf hingewiesen, dass auch dort Katholiken lebten, 850 Kilometer von meiner Pfarrei entfernt. „Dor letschte Padr wor hir vor zweiunsechzich Johr“, begrüßte mich damals eine Großmutter auf der Straße. (Sie war ein Kind, als man 62 Jahre zuvor den letzten Priester im Dorf gesehen hatte.) Nun wirkten in Alexejewka Priester, Brüder und Schwestern der Gemeinschaft Pro Deo et Fratribus.

Im Juni 1998 wurde ich zum Bischof geweiht. Gleichzeitig brachten Freiwillige vom Ampfinger Verein „Kirchen für den Osten“ erneut zwei Holzkirchen nach Russland. Nach Rostow am Don, Alexejewka, Elista und Wesoloje waren das jetzt die fünfte und die sechste Holzkirche für mein heutiges Bistum, nämlich in Wolgodonsk und Togliatti. Später, im September 1999, folgten Kirchen für Gorodowikowsk und Stepnoje. Wenn ich mich richtig erinnere, war es im letzteren Dorf, wo die Lkw nach langwierigen Zollformalitäten endlich entladen werden durften und sich das Gerücht breitmachte, dass die Männer die Kirche, komplett mit Glocke und Altar, in vier Tagen aufstellen würden. Eigentlich brauchten sie bisher immer fünf, aber das Gerücht motivierte sie und führte zum Bruch aller Rekorde. (Ich bitte um Verzeihung, wenn die Anzahl der Tage nicht stimmt. Es war jedenfalls ein Tag weniger als bisher.)

Als unser 70-jähriger Apostolischer Nuntius, Erzbischof Georg Zur, im Oktober 2000 die Bischofskirche in Saratow an der Wolga weihte, bekannte er, dass dies in seinem Leben die erste Weihe einer Kirche sei. Ich stand mit meinen 39 Jahren daneben und wusste schon nicht mehr genau, wie viele Kirchen ich schon geweiht hatte. Das verdankte ich auch dem Verein „Kirchen für den Osten“ und den Brüdern und Schwestern, die dahinterstehen.

Ja, es wird schon auch eine Portion Abenteuerlust dabei gewesen sein, als die Männer die Lkw in Ampfing beluden und sich auf den Weg in die ehemalige Sowjetunion machten. Aber: Abenteuerlust wäre verflogen! Was hat sie bewogen, dranzubleiben, Strapazen und Gefahren zu ertragen und im rein finanziellen Sinne ärmer dabei zu werden? Zweifellos, und das war auch das Zeugnis, das wir hier vor Ort erleben durften, war es lebendiger Glaube, der zu solchen Taten motiviert. Da ich selbst aus Deutschland stamme, weiß ich, wie sehr man von Begegnungen mit armen, tiefgläubigen Menschen beschenkt sein kann, sodass wir „großartigen“ Helfer aus dem Westen schließlich nur demütig und im Herzen bereichert sagen können: Deo Gratias! – Dem Herrn und der Gottesmutter sei Dank für ihre Liebe, die sie uns erweisen wollten, dafür, dass wir Brüder und Schwestern haben, auf der ganzen Welt und im Himmel, dafür, dass wir eine Familie sind.

Lieber Herr Thoma, Sie schreiben ein Buch über die Arbeit von „Kirchen für den Osten“. Mögen Ihre Zeilen erneut Herzen bewegen, auch heute hören zu wollen, was dran ist, am Verein „Kirchen für den Osten“, am Gebet füreinander, an dem Motiv, „lebendige Steine“ in den Händen des Herrn sein zu wollen, die für Frieden, Mut, Gerechtigkeit und Liebe stehen!

Mit von Herzen kommendem Dank an Ihren Verein und seine/ unsere Wohltäter grüße ich Sie alle.

Ihr + Clemens Pickel
Bischof der Diözese St. Clemens in Saratow (Südrussland)

DAS SIBIRISCHE PROJEKT

GEDANKEN VOR DER GROSSEN REISE

Eichheim, Südostbayern, Montagmorgen gegen 4:30 Uhr: Die Morgensonne bahnt sich in warmen Rot- und Gelbtönen ihren Weg durch den Morgennebel der Isen. Ein kleiner Bach fließt in schlängelnder Bewegung, ganz in der Nähe der großen Produktionshalle, träge vorbei. Diese Halle, als Teil eines alten Vierkanthofes, ist seit circa einem Jahr meine neue Wirkungsstätte – seit wir den Verein „Kirchen für den Osten e.V." mit dem Ziel gründeten, Kirchen für Russland zu fertigen.

Begonnen hatte alles mit dem Bau von Nothäusern aus Holz für das Kriegsgebiet im ehemaligen Jugoslawien. Die Dorfbewohner hatten damals ein Nothaus selbstständig zu einer Kapelle umfunktioniert, weil ihre eigene Kirche zerstört worden war. Diese Idee gelangte dann über einen Hilfstransport zu Erzbischof Kondrusevic nach Russland, der spontan eine Kapelle „bestellte". Daraufhin fand diese in Rostov am Don, im Süden Russlands, ihren Platz und war wiederum der Anlass, den Verein „Kirchen für den Osten" zu gründen. Nach den ersten vier erstellten Kirchen für das Kaliningrader Gebiet stand nun die erste große Reise nach Sibirien an.

Die Kirchenbauhalle in Eichheim bei Ampfing

Aber der Reihe nach:

Ein alter weißer Mercedes-Bus und vier 40-Tonner Sattelschlepper standen in Reih' und Glied für die große Reise bereit. Die letzten Tage waren geprägt vom geschäftigen Beladen der Schwertransporter. Alles musste seinen Platz haben, kein Millimeter wurde verschenkt, selbst die Einlagerung von Wasser, Verpflegung und Bier bedurfte präzisester Vorarbeit. Immerhin war es eine spannende, herausfordernde Vorbereitungszeit, die Verpflegung für zehn Personen für den Zeitraum von sechs Wochen zu organisieren.

Wie zerfließende Nebelfetzen lösten sich diese Gedanken der Vorbereitung nun langsam auf, als ich die Fahrerkabine meines MAN F2000 Sattelzuges, mit seinen satten 400 PS, aufschließe und die Stufen hinaufkletterte. *So, dies wird in den nächsten Wochen dein Zuhause, Bernhard,* dachte ich. Jetzt war ich doch schon fast zwei Jahre als Kirchenbauer unterwegs und hatte schon einiges in Russland erlebt, aber diese Reise stellte alles in den Schatten. Von einem kleinen Weiler in Ostbayern ging die Fahrt nach Talmenka, 450 Kilometer südlich von Novosibirsk. Im Gepäck zwei Holzkirchen für die katholischen Pfarreien in Talmenka und

Prokopjewsk. Nach unseren letzten Reisen in das Kaliningrader Gebiet haben wir Mannschaftswagen, Wohncontainer, Wasservorräte und Werkzeuge noch einmal für die 12.000 Kilometer lange Fahrt angepasst. Jeder Lkw hatte zwei Dieseltanks mit je 400 Litern Fassungsvermögen. Für unseren vereinseigenen Sattelzug mit Kran, Container und Ladepritsche wurde zusätzlich ein 1.000 Liter Dieseltank spendiert. Es sollte uns nicht mehr so wie in Rostov am Don ergehen, dass wir immer nach Treibstoff suchen mussten. Mit diesem Vorrat dürften wir wenigstens drei Tage ohne das zeitintensive Tanken in Russland auskommen.

SECHS WOCHEN

Sechs Wochen mussten reichen, da ich ansonsten ernsthafte Schwierigkeiten bekommen hätte, denn am 16. September war meine Hochzeit anberaumt. Meine Verlobte Katharina unterstützte den Kirchenbau nicht nur als Steuerfachkraft und Bankkauffrau, sondern auch in der Betreuung der vielen freiwilligen Helfer. Ich denke, es sind jetzt bereits über 350, die dazu beigetragen haben, diese Kirchen zu bauen. Meine Schwiegermutter meinte noch, dass ich ja pünktlich zurück sein solle, sonst „fällt der Watschenbaum um". Da sie Wirtstochter war, hatte ihre Empfehlung durchaus verbindlichen Charakter. Meine scherzhafte Antwort darauf, dass ein Zimmererhut zur Ferntrauung vielleicht ebenfalls gültig sein könne, wurde mit einer unverwechselbaren, missbilligenden Geste nicht im Ansatz als lustig empfunden.

Ich überprüfte noch einmal die Fahrzeug-, Lade- und Zollpapiere, meinen Ausweis und füllte eine neue Fahrerscheibe aus, die oberhalb des Lenkrades auszutauschen ist.

Die Mannschaft traf sich um 5:00 Uhr und wir fuhren dann Richtung polnische Grenze. Gottvertrauen ist ja recht praktisch, damit alles so läuft, wie man sich das vorstellt. Genau dieses Gottvertrauen sollte auf dieser und künftigen Reisen allerdings noch eine viel größere Rolle spielen, als ich es je für möglich gehalten hätte.

EIN BEGEHRTES PAPIER

Zunächst hatte noch keiner von unserer Mannschaft ein Visum für Polen, Weißrussland und Russland. Katharina hatte in den letzten drei Wochen mit der russischen Botschaft in München verhandelt und immer wieder einen negativen Bescheid erhalten. Für ein Visum mussten seitenweise Anträge ausgefüllt und die Reisepässe persönlich in München bei der Botschaft eingereicht werden, um das begehrte Papier dann hoffentlich zu erhalten. Nach dem dreizehnten Versuch, an einem Freitag in München, rief mich Katharina frustriert an und teilte mir mit, dass die Pässe eingezogen und kein Botschaftspersonal mehr ansprechbar wäre. Doch dann sagte sie mir, dass gerade der Botschafter käme.

„Versuch' auf jeden Fall, die Pässe zu bekommen", schärfte ich ihr ein. Nach einem kurzen Stoßgebet zum Himmel konnte Katharina dem Botschafter die Dringlichkeit unseres Anliegens vorbringen, der dann versprach, sich persönlich um die Pässe zu kümmern. Diese bekam sie dann auch, aber keine Visa.

Danach telefonierte ich mit Helmut, einem ehrenamtlichen Disponenten einer befreundeten Hilfsorganisation, ob er uns nicht helfen könne, sonst müsse die Reise abgesagt werden. Ich wusste, dass Helmut Kontakt zum russischen Botschafter in Bonn hatte. Nach einer Stunde rief mich Helmut zurück. Wir sollten mit den Anträgen und Reisepässen nach Bonn kommen, er helfe uns bei den Verhandlungen mit dem Botschafter.

In meinem Büro, im ersten Stock der 1.000 Quadratmeter großen Produktionshalle, war die Fahrermannschaft schon vollständig versammelt, um am morgigen Samstag die restlichen Kirchenbauteile zu verladen. Sollten wir am Montag ohne Visa starten? Würden wir die Papiere bis Montagmittag bekommen?

Da fiel mir ein Spruch ein:

„Beten, als ob alles vom Beten abhängt,
und arbeiten,
als ob alles vom Arbeiten abhängt.“

Ora et labora für Anfänger, dachte ich, also hatte ich mich entschieden: Ich sprach gleich mit Gerhard, unserem Mann für alle Sondereinsätze, einem jungen Schreiner aus dem Schwäbischen, der das Talent hatte, in der Vorbereitungszeit alles Nötige im Umkreis von 100 Kilometern zu organisieren. Ich sagte zu ihm: „Gerhard, schnapp‘ dir dein Auto, nimm die Pässe und Anträge und fahr‘ nach Bonn. Um 17:00 Uhr ist die Botschaft heute dicht. Gib die Dokumente bei Helmut ab; er besorgt uns hoffentlich Blitzvisa, die du dann am Montagmorgen abholst, und wir treffen uns in Frankfurt/Oder kurz vor der Grenze.“ Wie immer, wenn er vor scheinbar unlösbare Herausforderungen gestellt wurde, lächelte er verschmitzt, schob seinen alten Filzhut dreimal hin und her und sagte nur: „Wo sind die Papiere?“

Ich musste der Mannschaft die neue Situation mitteilen. Enttäuschte Gesichter blickten mich an. Hatten doch alle ihren Jahresurlaub für diese Fahrt genommen. „Wir bekommen die Visa“, sagte ich eine Spur zuversichtlicher, als ich eigentlich war. Für ein Blitzvisum ist allerdings für jeden Fahrer ein weiteres Passfoto nötig. Wo konnten wir auf die Schnelle die Fotos bekommen? „In Mühldorf am Bahnhof gibt es einen Passfotoautomaten“, sagte Gerhard. Also alle Mann in den Mercedes-Bus und ab zum Fotografieren. Zugegeben waren es sicher nicht die schönsten, aber bestimmt die am sehnlichsten erwarteten Bilder dieser Vorbereitungszeit.

Als wir wieder zurück in Eichheim waren, setzte bereits die Dämmerung ein. Beim Abendessen war dann die anfängliche Euphorie auf dem Tiefpunkt. Wie sollte es jetzt weitergehen? In der Hofkapelle sangen wir, wie jeden Abend, den „Engel des Herrn“ und baten Gott um ein gutes Gelingen, die Visa am Folgetag auch wirklich zu erhalten.

Selten sah ich bis dahin eine Männergruppe beim Abendgebet intensiver und andächtiger beten.

Montagmorgen, die Sonne schien schon kräftig in meine Fahrerkabine; es versprach ein sonniger Tag zu werden. Die restlichen Fahrer kamen bald, wie gestern vereinbart, aus unserer Unterkunft vom Nachbarort Etzham zur Kirchenbauhalle in Eichheim.

Ich genoss die morgendliche Stille, hörte, wie die Vögel von der nahen Isen scheinbar ein Reisekonzert zum Abschied vortrugen, und dachte daran zurück, wie das alles fünf Jahre zuvor mit einem Angebot und einer Entscheidung begonnen hatte, die mein Leben für immer verändern sollte …

Die Kinder von Elista-Südrussland vor ihrer neuen Kirche

LEHRJAHRE SIND KEINE HERRENJAHRE

WER SCHREIBT, DER BLEIBT

Geschafft, ich konnte es kaum glauben, ich war fertig! Nicht im physischen oder psychischen Sinne, sondern nun, am 17. Juli 1992, war die Freisprechungsfeier durch den Präsidenten der Handwerkskammer München und Oberbayern in Bayerns Landeshauptstadt. Als frisch gebackener Zimmerermeister und staatlich geprüfter Bautechniker waren die letzten zwei Jahre ein Vollzeitstudium der Oberliga gewesen. Der mir damals dumm erscheinende Spruch

„Du lernst nicht für den Lehrer, sondern für das Leben."

ist wahrscheinlich nur im Rückblick richtig zu verstehen. Wir hatten an der Technikerschule tolle Lehrer mit viel Berufserfahrung. Da sind wir fachlich, technisch und planungsmäßig richtig gut auf die Erstellung von Leistungsverzeichnissen, Angeboten, Abrechnungen und Baustellenleitung vorbereitet worden. Unser Statiker hat mal einen Satz rausgehauen: „Wer schreibt, der bleibt." Das war zwar auf Nachträge bei Bau-Abrechnungen gemünzt, gilt aber, wie ich meine, im Allgemeinen. Im Gegensatz zu meiner Schulzeit hat mir das Aneignen von Wissen in der Meisterschule echt Spaß gemacht, auch nach einem Zwölf- oder Dreizehn-Stunden-Tag.

Wenn ich mich an meine Schulzeit zurückerinnere, war diese nicht der Hauptfaktor meiner Kindheit, sondern das Durchstreifen der Natur, rein in die Donau-Auen mit Sumpf, Quellen und Bächen. Mit Freunden Bunker und Baumhaus bauen, Fußball spielen, das war mein Leben. Alles, was kleine Jungs halt lieben; ganz gewiss keine Hausaufgaben erledigen oder „sinnfreie" Texte auswendig lernen.

In der siebten Klasse kam ich einmal mit einer Klassenarbeit nach Hause, in der rot vermerkt war: Sechser mit Stern, Versetzung gefährdet!

Ab diesem Zeitpunkt wurde meine Freizeit von meiner Mutter deutlich umstrukturiert und, oh Wunder, Lernen kann sogar Spaß machen, wenn man es erst einmal kapiert hat. Diese Erfahrung sollte mir auch im weiteren Leben noch von Nutzen sein.

DIE LEHRSTELLENSUCHE

Ich wollte eigentlich Schreiner werden. Zu dieser Zeit hatten die Schulabgänger Schwierigkeiten, überhaupt einen Ausbildungsplatz zu finden. Da ich mit einem „sauberen" Endspurt doch noch einen sehr guten Schulabschluss vorweisen konnte, hatte ich glücklicherweise drei Angebote für eine Ausbildung; damals schon etwas Besonderes. Eine davon war eine Schreinerausbildung – mein Traumberuf – in Münchsmünster.

Ich sagte die anderen Angebote ab und freute mich auf den 1. September, den traditionellen Ausbildungsstart im Handwerk. Mitte August wurde ich unruhig, da ich noch nichts von meinem zukünftigen Ausbildungsmeister gehört hatte, ebenso wenig hatte ich bis dato einen unterschriebenen Lehrvertrag bekommen. Mein Vater fuhr mich mit unserem „Sportwagen“, einem weißen Renault 4 mit satten 26 PS und Revolverschaltung, ein Erbstück vom Opa, dann zum Schreinermeister. Der druckste rum, hin und her, und sagte dann, dass der Nachbar gerade eine Küche bei ihm bestellt habe und er darum, anstatt mich, dessen Sohn einstellen müsse.

Das haute rein, meine erste berufliche Niederlage, die erst einmal verdaut werden musste. Mir blieb aber keine Zeit für ein Jammerkonzert, ich hätte eh keine Zuhörer gefunden. Deshalb telefonierte ich mit den beiden anderen Ausbildungsmeistern, einmal mit der Audi AG, bei der ich mich als Modellbauer beworben hatte, und mit einem weiteren Industriebetrieb in Ingolstadt. Beide bedauerten sehr, dass der Ausbildungsplatz anderweitig besetzt worden sei, da ich ja bereits abgesagt hätte.

DANN WERDE ICH HALT ZIMMERMANN

Der letzte Freitag im August 1984 war sehr heiß, geradezu als Badespaß im nahen Baggerweiher angesagt. Im Sommer ist es ein Traum, durch den großen Weiher zu schwimmen; oben fliegen lauthals die Wildgänse vorbei und unter dir ziehen große Graskarpfen ihre Bahnen. Normalerweise hätte ich am folgenden Montag eine Lehre begonnen, aber ohne Ausbildungsplatz erschien mir die Aktion Baggersee „spaßbefreit“ zu sein.

Mein Vater sagte beim Mittagessen, dass er zum Zimmerer nach Wackerstein müsse, um dessen Rechnung zu bezahlen. Die Zimmerei hatte bei uns zu Hause die Holzböden verlegt und die Innentüren montiert. Ich solle doch einfach mitkommen und wir könnten ihn fragen, ob er noch einen Zimmererlehrling brauche. Nicht gerade das, was ich mir vorgestellt hatte, aber besser als gar nichts.

Drei Kilometer westlich von meinem Heimatort Pförring liegt das Dorf Wackerstein. Unter dem dortigen Schloss befand sich die Zimmerei. Ich kann mich heute noch erinnern, dass der Geruch von Fichte, Lärche, Akazie und Eiche, vermischt mit Lacken und Lösungsmitteln, in der Luft lag, und ich roch einen Duft, mit dem Träume wahr werden können.

Wenn man bei der Herstellung einer Holzwendeltreppe mit ihren schweren Eichenstufen und geschwungenen Wangen, die gehobelt, verleimt, geschliffen und lackiert werden müssen, Wo-

Bernhard Thoma in seiner Zimmermannskluft

chen mit diesem Duft arbeitet, stellt sich die Sachlage dann wieder aus einer anderen Perspektive dar.

Ich war damals auf jeden Fall positiv überrascht, dass auch Zimmerer so viele Schreinerbereiche übernommen hatten. Mein Vater sprach mit Zimmerermeister Peter über die Abrechnung der Arbeiten in unserem Wohnhaus und über Neuigkeiten im Markt Pförring. Da mir mangels Mitspracherecht die Rolle des Beobachters oblag, kam mein Anliegen lange nicht zur erhofften Ansprache. Nach einer Stunde wollte sich mein Vater verabschieden, doch nach einem leisen „zwecks der Lehrstelle" von mir drehte er sich noch mal zum Meister um und fragte ihn eher nebenbei, ob er keinen Lehrbub brauche. Das war der Moment, dem Zimmerermeister mein Zeugnis zu geben, und er kommentierte in blumiger und ausführlicher Sprache, ganz Handwerker, die Sache so: „Passt doch, dann kumst hoit am Montag." Ich dachte nur: *Dann werde ich halt Zimmermann!* Übrigens bis heute mein kürzestes Bewerbungsgespräch. Im Schwäbischen würde man dazu sagen: „Net schwätze, schaffe!"

DIE ANFANGSJAHRE

In der dreijährigen Ausbildungszeit und den weiteren zwei Gesellenjahren konnte oder musste ich, je nach Sichtweise, viele Fähigkeiten und Fertigkeiten erlernen. Ich hatte meine Lehre mit fünfzehn Jahren und der Statur eines „Bleistiftes in der Landschaft" begonnen. Die blaue Latzhose war damals Standard. Obwohl diese schmal geschnitten war, wehten die Hosenbeine wie die Bayernfahne bei Windstärke sieben am Chiemsee. Das bestätigte sich auch bei der Frage eines Freundes beim Baden: „Was hängen da zwei weiße Bänder aus der Badehose?" Ich schaute und er meinte grinsend: „Oh, das sind ja nur deine Beine." Von meinen Arbeitskollegen brachte es jeder mindestens auf knappe 100 Kilo Lebendgewicht. Ich hätte da schon fast der Gabe der Verdoppelung bedurft, um gewichtsmäßig mithalten zu können. Da uns damals noch kein Kran und auf den Privatbaustellen keine Gerüste für die Zimmereien zur Verfügung standen, war das durchaus ein Training, welches man heute mit dem Begriff „Strongman-Muckibude“ bezeichnen könnte. Die Ausbildung war hart, aber am härtesten trafen mich die ersten zwei Stunden meiner Lehrzeit.

6:30 Uhr Arbeitsbeginn, vergütet wurde ab 7:00 Uhr. Bitte schön, den Lkw zu beladen ist doch keine Arbeitszeit. Um 9:00 Uhr war ich schon so fertig, dass ich dachte: *Hier wirst du nicht alt.* Doch nach einigen Wochen stellte sich der Körper darauf ein und alles lief ab dem Aufbau einer Grundkonstitution wie geschmiert.

EIGENE MOBILITÄT

Ich hatte mir damals ein kleines Motorrad, eine Kawasaki 80, gekauft. Ja, damals bekam ich alles, was ich mir wünschte. Der Haken dabei war nur, dass ich alles selbst bezahlen musste. Taschengeld gab es keins, ich sparte eben, was ich zum Geburtstag, zu Weihnachten und für die Ausführung kleinerer Arbeiten bekommen hatte.

Für eine Kawasaki benötigst du eine echte Lederjacke, dachte ich. Die kostete zu dieser Zeit aber schon schlappe 345,00 DM und das Motorrad 2.250,00 DM. Ja – es gab da noch die D-Mark.

Wir hatten uns als Jugendliche richtig auf die Firmung gefreut, da diese immer mit einer nicht unbeträchtlichen Finanzspritze einherging. Ich bekam obendrauf noch eine tolle Uhr von meinem Cousin und Firmpaten. Die Devotionalien der Tanten kamen hingegen noch nicht in den Rang der „Top Ten“ der Geschenke. Nach dem Kauf von Motorrad, Helm, Nierenschutz und Lederjacke war dann das Sparbuch bei meiner Hausbank wieder in dem Zustand, bevor ich die erste Einzahlung getätigt hatte.

ÜBERBETRIEBLICHE AUSBILDUNG

In der Lehrzeit hatten wir bei der Handwerkskammer in Ingolstadt eine überbetriebliche Ausbildung. Dort wurde das Aufzeichnen eines Dachstuhls in allen möglichen Varianten gelehrt. Treppenbau, Dacheindeckung, Verleimen von Holzteilen, Werkzeuginstandhaltung, Maschinenkurse, Vermessungen und vieles mehr. In meinem Ausbildungsbetrieb ging der Juniorchef in meinem dritten Ausbildungsjahr zur Meisterschule. Daher durfte ich in der Firma vielfach Aufgaben des Meisters übernehmen, weshalb dieser Teil der Ausbildung in der Handwerkskammer von meiner Seite aus locker zu händeln war.

Mein Kollege Sepp und ich löcherten Alfred, den Ausbildungsmeister der Handwerkskammer, regelmäßig, ob er nicht etwas anspruchsvollere Arbeiten für uns raussuchen könne wie zum Beispiel einen Zwiebelturm. Wer hätte jemals darauf gewettet, dass ich Jahre später eine griechisch-katholische Kirche mit großem

Überbetriebliche Ausbildung in Ingolstadt

Zwiebelturm mit Zimmerern, freiwilligen Helfern aus Bayern und Sinti und Roma in den ukrainischen Karpaten bauen würde? Ich konnte damals ebenfalls nicht erahnen, dass ich später einmal die Seiten wechseln und selbst als Ausbildungsmeister und Dozent der Handwerkskammer für angehende Zimmerer tätig sein würde. Manchmal sind Gottes Wege lang und geschwungen, aber wenn man auf dem Weg bleibt, kommt man immer richtig an!

ZIMMERMANNGESELLE – ENDLICH FREIHEIT!?

Als frisch gebackener Geselle legte ich die blaue Latzhose ab und kaufte mir eine „richtige" Zunfthose. Schwarzer Pilotstoff, verstärkte Nähte, Doppelreißverschluss in Gold. Große Schlagweite, zwei Seitentaschen und ein Lederkoppel mit Zimmererwappen als Gürtelschnalle. Seit über 1.000 Jahren ist dies die Zunftkleidung der Zimmerer. Ein weißes Baumwollhemd mit Stehkragen und je drei Biesen links und rechts, die die sechs Arbeitstage darstellen, auch Staude genannt, und ein Leiberl ebenfalls in schwarzem Pilotstoff mit acht Perlmuttknöpfen für die täglichen acht Arbeitsstunden.

Manchmal schien es mir, dass beim Zählen der Stunden doch des Öfteren zeitlich die „Mehrwertsteuer" dazugerechnet wurde. Hier mal ein gedanklicher Einschub: Etliche Jahre später, als ich nach Jahren der Weiterbildung noch einmal die berüchtigte Schulbank gedrückt habe, erlangte ich ein besseres Verständnis von Volkswirtschaft, Gewinn- und Verlustrechnung, Bilanz, Steuerrecht und sonstigen Grausamkeiten, um die Zusammenhänge von Umsatz und Gewinn nach Steuern richtig einzuordnen. Als Betriebswirt des Handwerks und praktizierender Katholik gibt es für mich nur eine „Mehrwertsteuer", die diesen Namen verdient: etwas einzurechnen für die Ewigkeit. Dies hat *Mehr Wert* als sonst irgendeine Währung! Klingt komisch, ist aber so.

„Sammelt euch nicht Schätze hier auf der Erde, wo Motte und Wurm sie zerstören und wo Diebe einbrechen und sie stehlen, sondern sammelt euch Schätze im Himmel, wo weder Motte noch Wurm sie zerstören und keine Diebe einbrechen und sie stehlen. Denn wo dein Schatz ist, da ist auch dein Herz."

(Matthäus 6,19-21)

Der Doppelreißverschluss und die große Schlagweite der Hose sollten den Hamburger Schiffszimmermännern eine schnelle Entledigung derselben erlauben, um nicht zu ertrinken, wenn sie in die eiskalte Nordsee stürzten. Es gibt auch noch weitere überlieferte Einsatzbereiche für die Notwendigkeit eines schnellen Kleiderwechsels; dies sei hier aber nicht näher ausgeführt.

Da ich damals als Einziger mit einer Zunfthose auf die Baustelle kam, konnten einige ihr Schmunzeln nicht verkneifen. Fragen wie zum Beispiel, ob denn jetzt schon Fasching sei, waren nicht selten. Da wir damals auch für viele öffentliche Auftraggeber arbeiteten, gab es immer wieder das Richtfest, eine sogenannte Hebauffeier, nach Fertigstellung eines Dachstuhles. Ein kleines Fichtenbäumchen mit bunten Fähnchen wurde am Giebel angenagelt. Bei Privatgebäuden musste die Bauherrin das Bäumchen am Seil anbinden. Das war das Zeichen, dass zwei bis drei Eimer kaltes Wasser von oben den Besitzer wechselten. Dies wurde von der betroffenen Bauherrin nicht immer positiv aufgenommen, aber für uns beinhaltete das immer einen hohen Spaßfaktor. Nach dem Annageln des Hebaufbaumes kam vom Zimmerer dann der Richtspruch.

Da ich als Einziger in meiner Firma eine Zimmermannskluft hatte und bei einer Hebauffeier eines Regierungsgebäudes viel Prominenz auftauchte, musste ich notgedrungen ran.

Mit kräftiger Stimme kam mein Ruf:

Wie eine Krone auf dem Haupt
wird der Richtkranz aufgebaut.
Dank Fleiß und Mühe, Stein und Holz
steht hier unser ganzer Stolz.
Was Menschenhände hier bewegen,
braucht auch immer Gottes Segen.
Wir bitten deshalb für das Haus:
Schütze alle, die gehen ein und aus!
Das Haus soll schenken Glück und Mut,
die Mauern schützen sie vor jeder Flut
und jedem Sturm und jeder Widrigkeit
heute und auch morgen – bis in alle Zeit.

Am Ende des Richtspruches wird dann noch ein „dreimal hoch, hoch, hoch" gerufen und das bereitgestellte gefüllte Weinglas in einem Zuge leergetrunken und anschließend – als Zeichen des Glückes – mit Schwung auf den Boden geworfen.

Ein VW Polo, mehr war nicht drin. 10.000 DM, die in den letzten zwei Jahren mühsam ihren Weg auf das wiedererstarkte Bankkonto gefunden hatten, waren von einer auf die andere Sekunde weg. Was heißt hier weg, einem anderen gehörten sie nun. In meinem Fall dem Verkäufer des VW Polos. Jahreswagen, 12.000 km, gepflegt. Heute würde sich nicht einmal ein Fahranfänger bei Dunkelheit und Nebel trauen, solch eine „Rennsemmel" mit 68 PS über den Marktplatz zu steuern. Für mich war es aber eine neu gewonnene Freiheit, auch um trocken zur Arbeit zu kommen.

Zimmerer ist ein harter, aber toller und abwechslungsreicher Beruf. In meiner Ausbildung hat mich diese überraschende Vielfältigkeit des so traditionsreichen Berufes besonders beeindruckt. Einen Dachstuhl abbinden (d. h. vorbereiten), montieren, Dachschindeln verlegen, Fenster, Türen und Holztreppen konstruieren, produzieren und montieren. Ein Haus ganz aus Holz bauen, Schalungstechnik, Baubiologie, energetische Sanierung von Altbauten, Denkmalschutz und vieles mehr. Auf all diesen Gebieten muss sich ein Zimmermann das nötige Fachwissen aneignen.

„Wenn die Lehrzeit vorbei ist, beginnt erst das Lernen."

Noch so ein toller Spruch, der sich mehr als bewahrheitet hat. Als Zimmermanngeselle musst du eigenverantwortlich handeln, entscheiden, mitdenken. Ergebnisse zählen, sonst nichts.

Bei Problemen wird eine pragmatische Lösung gesucht und gefunden. Wenn ein Dach mit neuen Dachziegeln einzudecken war, gab es keine Diskussionen, ob wir Lust hätten, dies zu tun oder lieber einen Arbeitskreis zu bilden, um die seelische Beanspruchung der einzelnen Mitarbeiter zu erörtern.

Nach zwei Gesellenjahren hatte ich schon vielfältige Aufgaben selbstständig wahrgenommen: vom Treppen-, Fenster- und Türenbau über Dachstühle und Dacheindeckungen, Schalungen für Turbinen- und Schiffsbau, Holzdecken, Holzböden, Schalungsbau im Allgemeinen bis hin zu Holzhäusern und, und, und ...

Nach einer gewissen Zeit reifte der Entschluss, die Meisterschule zu absolvieren. Ich hatte den Wunsch, ernsthaft den nächsten Schritt der Weiterbildung anzugehen, auch mit Rücksicht auf meinen dahindarbenden Kontostand bei meiner Hausbank. Jetzt war die Zeit, einen weiteren Schritt in die Zukunft zu wagen.

„Wer nicht wagt, der nicht gewinnt."

Eine interessante Alternative dazu wäre die „Walz" gewesen, eine drei Jahre und einen Tag lang dauernde Wanderschaft im Zimmererhandwerk; 50 Kilometer sind die Bannmeile um deinen Heimatort herum, die du in dieser Zeit nicht betreten darfst. Du trittst der Bruderschaft bei, indem mit einem Nagel, der in Schnaps desinfiziert wird, das linke Ohr mit einem Hammer und Holzstück durchlöchert wird, um deren Zunft-Anhänger als Ohrring tragen zu können. Mit wenig Hab und Gut, dem Stenz (dem Wanderstab) und dem Charlottenburger (dem geschnürten Stoffbeutel) reist der Zimmerergeselle durch die Welt. Auf der Wanderschaft trägt der reisende Geselle sein Hab und Gut in einem großen speziellen Stofftuch gebunden bei sich. Die besondere Technik des Schnürens lässt sich eben nur bei den fremden Gesellen erlernen. Es hat dann die Form einer ca. dreißig Zentimeter dicken und siebzig Zentimeter langen Wurst und beinhaltet das notwendigste Werkzeug, Arbeitszeug, Unterwäsche und Stauden (die dem Handwerk eigenen Baumwollhemden) sowie Wasch- und Schuhputzzeug. Die Zunfthose wird in diesen drei Jahren auf Wanderschaft nicht gewaschen, sondern nur mit einer kleinen Bürste vom gröbsten Staub befreit.

Ich bewarb mich für beide Alternativen, und ein paar Wochen später bekam ich doch tatsächlich zwei Zusagen. Ich war happy. Welches Angebot sollte ich wählen? Zwei Jahre Meister- und Technikerschule oder drei Jahre und einen Tag auf die „Walz" gehen? Wie selten in meinem Leben, bestimmten andere, was ich zu tun hatte, hier war es jedenfalls so.

DIE EINBERUFUNG

Ich kann mich noch gut erinnern, als ich Samstag spätabends nach Hause kam und der Brief für mich hinter dem Radio steckte. Das war das hausinterne Postfach, wo die Briefe lagen, die den Charme eines negativen Finanzamtsbescheides hatten.

Es war ein langer Tag. An den Freitagnachmittagen und Samstagen war ich oft auf privaten Baustellen unterwegs, um die Kosten für Benzin und Reparatur meines Autos, Verpflegung und das Wohngeld von 200,00 DM zu berappen und um mein Gehalt zu sparen. Eine dieser Arbeiten sollte mir später den Lkw-Führerschein ermöglichen. Der Brief, den ich vorsichtig mit zwei Fingern hinter dem Radio hervorzog, sah schon von außen verdächtig aus. Der Bundesadler grinste mir scheinbar direkt ins Gesicht. Nach dem Öffnen stellte sich die Lage jedoch leider weder als Versehen noch als Scherz heraus. Ich wurde höflich gebeten, an der großen Y-Reiseaktion der Bundesrepublik Deutschland, mit kostenloser Verpflegung und spannenden Eindrücken in Oliv, teilzunehmen.

Nein, es war natürlich keine höfliche Bitte, sondern eher ein sprödes Kommando in Befehlston. Was hatte ich mir auch erwartet? Tag X war nicht mehr der unbestimmte Tag X, sondern der 1. Januar 1988. Antreten musste ich um 7:00 Uhr in der Pionierkaserne Ingolstadt. Damals gab es zwar schon einen Zivildienst, aber mangels Kontakten und Möglichkeiten stand diese Option für mich nicht auf dem Plan.

Dann hat es sich ja nun entschieden. Am folgenden Tag musste ich die Meisterschule und die Bruderschaft informieren. Drei Monate Grundwehrdienst und noch einmal zwölf Monate Wehrdienst ergaben 15 Monate. Danach konnte ich mich ja immer noch entscheiden, welchen Weg ich einschlagen wollte ...

Bei der Bundeswehr

STILLGESTANDEN!

„Achtung! Stillgestanden!“ Keine Ahnung, warum dieser Mann mit den seltsamen Sternen auf der Schulterklappe so brüllte. Wir hatten doch alle unsere Musterung seit Monaten hinter uns; da waren doch keine Schwerhörigen mehr dabei.

Kompanieführer Maier, wie ich später mitbekam, bereitete uns mit diesen Worten einen warmen Empfang.

Nach dieser freundlichen Begrüßung und einem kurzen Briefing, was an diesem Tag auf dem Programm stand, wurden wir auf die Zimmer verteilt. Jeweils zu sechs Mann. Wer schnell genug war, konnte sich eins der drei unteren Stockbetten schnappen. Ich hatte die untere Pritsche gegenüber dem Fenster ergattert. Mit tollem Ausblick auf das Nachbarkompaniegebäude. Leider konnte ich diesen selten genießen, da wir nur zum Schlafen in unserer Bude waren. Ansonsten verbrachten wir die Tage mit Manövern, auf dem Schieß- und Sprengplatz oder bei Gelände- und Orientierungsmärschen.

Die ersten drei Monate waren hart, selbst für mich, der durch seine Arbeit bei Regen, Schnee und Hitze einiges gewohnt war. Trotzdem hatten wir zusammen immer wieder unseren Spaß, sodass die Monate nicht ganz so unerträglich waren. Mitunter gab es Episoden, die uns im Nachhinein langweiligen Wochenenddienst verschafften, das hieß Freitag, Samstag und Sonntag Wache schieben. Alle zwei Stunden für zwei Stunden mit geladener Waffe Patrouille laufen. Beginn 18:00 Uhr am Abend bis morgens 6:00 Uhr. Während des Tages dann Schlagbaumdienst. Aber der Spaß war es uns wert und wir mussten darüber noch Jahre später immer wieder herzlich lachen.

Als Pioniere wurden wir an einigen Waffen speziell ausgebildet. Verständlicherweise sah ich nach der ersten Übung für die Waffenausbildung diese Art der Zeitgestaltung als nicht weiter erstrebenswert an.

Im Laufe der Zeit entwickelt der Mensch aber stets eigene Überlebensstrategien. Wie könnten die Übungen vermieden werden? Das war eine zentrale Frage für mich. Einmal im Monat gab es einen sogenannten Standort-Gottesdienst. Da kam mir eine Idee: Ich hatte vor einem Jahr mit Freunden die Musikgruppe „Genesis“ für „neue geistliche Lieder“ gegründet. Wir spielten in Gottesdiensten und in der Jugendvesper, eine Taizé-ähnliche Veranstaltung für Jugendliche mit vielen Liedern. Schlagzeug, Keyboard, zwei Gitarren, Gesang und Bass, der mein Part war.

Ich hatte die Jugendvesper mit dem damaligen Pastoralreferenten Otto entwickelt und sie wurde über Jahre hinweg sehr gut angenommen. Die Sebastiani-Kirche in Pförring war immer voll; viele saßen sogar auf dem Boden. Vielleicht war es auch die Motivation, nach der Vesper in die nahe Disco, zum „Posthalter“, zu gehen.

Auf jeden Fall dachte ich, wenn ich mit zwei oder drei Kameraden aus meiner Kompanie den Standort-Gottesdienst musikalisch unterstützte, verschaffte mir das mindestens einen halben Tag Luft plus Vorbereitung von drei Proben, damit der Exerzierdienst etwas verkürzt würde. Der Standort-Pfarrer war einverstanden. So hatten wir für ein paar Tage etwas mehr Bewegungsfreiheit.

Ich war in dieser Zeit sehr aktiv in der Kolping-Jugendarbeit. Mit meiner tollen Jugendgruppe machten wir super Aktionen.

Als BDKJ-Kreisvorsitzender habe ich auch Gruppenleiterausbildungen durchgeführt. Da war es praktisch, wenn ich schon im Voraus wusste, wann die nächste Übung anstand.

DIE CHANCE

Aufgrund meines Engagements bei der musikalischen Gestaltung der Kompanie-Gottesdienste machte mir der damalige Standortpfarrer das Angebot, doch an der Soldatenwallfahrt nach Lourdes teilzunehmen. Von jeder Kompanie durften aber nur vier Personen teilnehmen. Da ich aber beim Kompaniechef nicht die allerbesten Karten hatte, machte ich mir daher auch keine großen Hoffnungen. Da das Leben ja bekanntlich ein Geben und Nehmen ist und sich der Standortpfarrer für mich eingesetzt hatte, war ich auf der Liste mit dabei, wie ich am Montag an der Anschlagtafel deutlich erkennen konnte. Es war schon beeindruckend, wenn Tausende von europäischen Soldaten gemeinsam für den Frieden beteten. Übernachtet haben wir in einem Zwanzig-Mann-Zelt auf den Feldbetten. Als Pioniere war dies für uns eine willkommene Abwechslung vom Kasernenalltag. Lebhaft kann ich mich an einen französischen Stabsfeldwebel erinnern, der mittags immer das Essen mit einem Jeep ausgefahren hat. Freundlich lächelnd und zuweilen laut rufend kündigte er sein Kommen immer mit den folgenden Worten an: „Oma, Opa, EPA! Oma, Opa, EPA, Essen ist da." EPA ist hierbei die Abkürzung für Einmannpackung und gilt als Truppenverpflegung, wenn keine Feldküche vor Ort ist. Selbst heute passiert es noch öfter, dass ich dieses strahlende Gesicht des Franzosen sehe, wie er laut schmetternd sein Credo ruft: „Oma, Opa, EPA!" Am meisten beeindruckte mich jedoch die gemeinsame Lichterprozession in Lourdes mit 10.000 bis 15.000 Soldaten, die betend und singend ihren Glauben bezeugten. Walter, Franz und Helmut aus meiner Kompanie waren auch mit dabei und wir wurden durch diese Reise gute Freunde.

Helmut hatte Dienst im Büro des Kompaniechefs, ab unserer gemeinsamer Lourdes-Wallfahrt hatte ich nun einen direkten Kontakt in die Schaltzentrale. Das sollte vieles in Zukunft vereinfachen. Seit dieser Zeit bekam ich immer rechtzeitig die Info, wann die nächste Übung stattfand. Und seltsamerweise fanden die Gruppenleiterschulungen des Dekanats immer an den Wochenenden statt, an denen Übungen waren. Der Standort-Pfarrer war begeistert von meinem Ehrenamt und hatte mir bestätigt, dass dies für die geistige Formung der Jugend wichtig sei.

Bis zum Ende der Dienstzeit war es dem Kompaniechef immer suspekt, dass ich genau an den Tagen freigestellt wurde, an denen die Übungen stattfanden.

Brücken bauen

Bernhard und Helmut bei einer Übung in Grafenwöhr im Einsatz als Lkw-Fahrer

DER LKW-FÜHRERSCHEIN

Als ich einmal die Lkw-Fahrer in den großen Dreiachsern beobachtete, die durch die Kaserne donnerten, dachte ich, dass ein Lkw-Führerschein für eine zukünftige Arbeitsstelle sicher von Nutzen sei. Aus unserer Kompanie wurden von insgesamt einhundert, die sich für den begehrten Führerschein interessierten, fünf ausgewählt. Auf der Liste, die am „Schwarzen Brett" neben dem Büro des „Unteroffiziers vom Dienst" hing, standen schon achtundvierzig Namen der Führerscheinanwärter. An fünfter Stelle konnte ich meinen Namen lesen: „Obergefreiter Thoma". Ich war begeistert: endlich eine Aufgabe, die mir später sicher weiterhelfen könnte. Und tatsächlich, dies waren die besten sechs Wochen meiner Bundeswehrzeit.

Ich sollte später in meinem Leben noch einmal richtig überrascht werden, warum genau ich auf diese Liste gesetzt worden war und den Lkw-Führerschein machen durfte, damit ich die Aufgaben erledigen konnte, die notwendig sein würden, um ein kleiner Teil des Heilsplanes Gottes zu werden.

DIE VORBEREITUNG

DAS VERSPRECHEN

„Vielen Dank“, sagte ich, als mir die freundliche Bedienung eines kleinen Straßencafés in der Münchner Fußgängerzone einen heißen, frisch duftenden Espresso brachte. Ein kleines Stück Zucker verschwand ohne große Aufregung in dem Espresso Crema.

Zeit zum Durchatmen an diesem sonnigen Nachmittag des 17. Juli 1992. Nach der Freisprechungsfeier zum staatlich geprüften Bautechniker und Zimmerermeister war es nach zwei Jahren intensiven Studiums etwas ungewöhnlich, frei zu haben. Keine Pläne zu zeichnen, keine Fachbücher zu studieren, keine Statikberechnungen zu erlernen, einfach frei. Da ich wusste, dass mein Naturell nicht auf einen Dauerzustand der Untätigkeit ausgelegt ist, beschäftigten sich meine Gedanken selbstständig mit meiner weiteren beruflichen und privaten Zukunft.

Schon vor meinem Militärdienst hatte ich mich für die Meisterschule entschieden. Diese hatte dann doch das Rennen vor der „Walz“, der dreijährigen Wanderschaft, gewonnen. *Auch als Meister kannst du ja immer noch ins Ausland*, dachte ich. Dass ich auf den Tag genau zwei Jahre später einen Verein mitgründen würde, der einmal Kirchen in vielen Ländern der Welt baut, konnte ich mir damals nicht vorstellen.

Ich trank den Rest des leckeren Espressos aus und bezahlte. Ich schlenderte den Weg am Brunnen vorbei, Richtung Münchner Rathaus. Am Hofbräuhaus ploppte kurz die Frage auf, ob eine Maß frischen Augustinerbieres nicht doch zu verantworten sei. Da ich schon etwas knapp mit der Zeit war, den Zug nach Ingolstadt noch zu erreichen, entschied ich mich dagegen. Aufgeschoben ist nicht aufgehoben. Ich ging weiter Richtung U-Bahnstation durch die Fußgängerzone. Da kam ich an dem Gebäude vorbei, an dem eine Tafel mit der Aufschrift: „Bürgersaalkirche" angebracht ist. In dem Fries am Giebel steht mit goldenen Lettern geschrieben:

DIVAE MATRI VIRGINI / DEVOTI FILII DD. CC. MONAC. ANNO MDCCX – Sinngemäß: Für die jungfräuliche Gottesmutter die ihr ergebenen Söhne, die Herren und Bürger von München im Jahre 1710.

Die Kirche ist in eine Ober- und eine Unterkirche aufgeteilt. Nachdem ich mich in der Oberkirche umgesehen hatte, ging ich anschließend in die Unterkirche. Ich wusste nicht, dass hier der selige P. Rupert Mayer SJ seine letzte Ruhestätte hat. Selbst Päpste wie Johannes Paul II. und Benedikt der XVI. haben hier um Stärke und Klarheit gebetet.

Dies ist ein guter Ort, dachte ich, *um meine Gedanken zu ordnen und meinen weiteren Lebensweg in irgendeiner Weise auch Gott mit anzuvertrauen.* Drei Jahre zuvor war ich mit einer Jugendwallfahrt nach Medjugorje, einem Wallfahrtsort in Bosnien-Herzegowina, gefahren. Dort hatte ich bei der Beichte ein ganz besonderes Gefühl des Angenommen-Seins und eine grandiose Zufriedenheit verspürt, wie ich sie seitdem nicht mehr erlebt habe. Dieser Eindruck weckte in mir ein stärkeres Interesse am lebendigen katholischen Glauben, der ja so reichhaltig an Schätzen ist, die einfach nur für jeden Einzelnen gehoben werden sollten. Ich gönnte mir also die 15 Minuten der Stille.

In dieser Zeit kam mir der Gedanke, ob ich nicht etwas mehr von der großen Welt, außerhalb meines kleinen Dunstkreises von Regensburg bis München, sehen sollte. Ich hatte mich beruflich qualifiziert, war ungebunden und unabhängig. Da wir bei der Kolpingsfamilie damals Altkleider und Altpapier sammelten und der Erlös als Spende an Pater Brummberger nach Bolivien ging, überlegte ich, ob ein zweijähriger Auslandsaufenthalt als Entwicklungshelfer nicht eine Option wäre.

Aus dem spontanen Gedanken heraus, und da ich von Natur aus nie knauserig war, machte ich am Grab von Pater Rupert Mayer Gott das Versprechen, meine Zeit, meine Kraft und mein Wissen für drei Jahre dem Himmel zur freien Verfügung zu stellen; dort, wo Er mich am besten brauchen könne, Amen! Jetzt aber schnell, dass ich den Zug noch erwischte.

REISE NACH KÖLN

Am nächsten Tag telefonierte ich mit dem Deutschen Entwicklungshilfedienst in Köln. Ich fragte, ob sie demnächst einen Bedarf für einen Handwerksmeister in Lateinamerika, meinem bevorzugten Einsatzgebiet, hätten. Da Andreas, mein Gesprächspartner am anderen Ende der Leitung, „ne echte kölsche Jeck ess“ und dachte, es wäre der 11.11., lachte er erst einmal. Dann klärte er mich auf: „Also, wir veranstalten zwei Mal im Jahr Bewerbungsgespräche mit anschließender zweiwöchiger Schulung, um die Motivation, Eignung etc. zu prüfen. Vor zwei Wochen war das letzte Bewerbungsgespräch, in sechs Monaten beginnt der neue Kurs.“ *Bravo*, dachte ich, *die Zeit hast du nicht!* Deshalb war meine Antwort kurz und unmissverständlich: „Wie schaut es morgen Nachmittag aus? Da hätte ich Zeit für ein Gespräch in Köln.“ Im Hörer war es erst einmal still. Nach kurzer Pause sagte Andreas: „Das ist zwar etwas spontan, aber gut, dann kommst du morgen um 15:00 Uhr ins Büro nach Köln.“

Ich bedankte mich und besorgte mir sogleich eine Bahnfahrkarte für den nächsten Tag, Ingolstadt–Köln und retour.

In Köln angekommen, ging ich vom Bahnhof, vorbei am großen Kölner Dom, in eine Seitenstraße zum Büro der Entwicklungshilfe. Andreas begrüßte mich freundlich und bot mir einen Kaffee an. Wir verstanden uns auf Anhieb und ich erzählte ihm meinen beruflichen Werdegang und meine Motivation, als Entwicklungshelfer tätig zu werden. Nach gut zwei Stunden sagte er zu mir: „Bernhard, wie ich es einschätze, brauchst du keinen Einführungskurs – du könntest im Herbst beginnen. Es gibt nur noch eine Sache. Die Stellen für Lateinamerika sind alle restlos besetzt. Ich hätte noch einen Einsatz für zwei Jahre im Kongo, also Afrika.“ – Wow! Kongo, Hitze, leider nein, da musste ich passen. Afrika war keine Option für mich.

Andreas versprach, mich wieder anzurufen, wenn eine Stelle für Lateinamerika frei würde. Und so fuhr ich unvollendeter Dinge wieder nach Hause. Den Kölner Dom hätte ich noch gerne besichtigt, doch mein stark frequentierter Zug wartete nicht auf einen Zimmermann.

Während der Heimreise besuchte ich das Bordbistro, um einen kleinen Hopfentee im 0,33-l-Format – manche sprechen hier auch von einem Pils – zu genießen. Da viel los war, wartete ich kurze Zeit. Auf einmal rief ein Gast zu mir rüber: „Ober, Ober! Bitte die Speisekarte.“ Ich war etwas verwundert. Aber mit meiner Zunftkleidung, die ich ab jetzt immer auf Dienstreisen und beim Arbeiten trug, sah ich in den Augen des Zurufenden wie ein Ober aus. Ich setzte mich zu ihm und klärte ihn über die Zunftkleidung eines Zimmermannes auf. Das Pils musste ich dann letzten Endes nicht bezahlen; das ging auf das Konto des Herrn, der mich fälschlicherweise als Ober angesprochen hatte.

DIE BEWERBUNG

Also alles wieder auf null. *So, was gedenkst du ab September zu tun, Bernhard?*, das war wieder eine der Fragen, die ich mir am nächsten Tag stellte. Nach einem ausgiebigen erfrischenden Bad im nahen Baggersee und einem kleinen Nickerchen im Schatten der Kastanienbäume räumte ich zu Hause meine Tasche aus. Tabellen- und Fachbücher ins Regal, Bleistifte, Füller, Zeichentisch verstaut, Zeugnis eingeheftet, alles andere zum Altpapier, das ja im Herbst wieder mit der Kolpingsfamilie gesammelt wurde. Da fiel mir noch ein Zettel in die Hand: „Zimmerermeister für anspruchsvolle Arbeiten im Holzbau gesucht, gerne auch Abschlussschüler der Meisterschule." Daran hatte ich gar nicht mehr gedacht, dass ich den Zettel vom „Schwarzen Brett" in der Meisterschule mitgenommen hatte. Einen Versuch war es wert.

Ein kurzer Anruf und siehe da, am übernächsten Tag sollte ich mich bei einem Holzbaubetrieb bei Kelheim in Niederbayern vorstellen. Das Versprechen, drei Jahre ganz im Dienst des Herrn zu stehen, galt immer noch, aber eben ab dem Zeitpunkt des Versprechens. Wenn es sein sollte, würde sich etwas ergeben. Ich bewarb mich jetzt erst einmal, dann wollte ich weiterschauen. Damals wusste ich noch nicht, dass der Zeitfaktor für aktive Missionsarbeit eine andere Maßeinheit verwendete und dass aus drei Jahren einmal 30 Jahre, mit steigender Tendenz, werden sollten.

DIE MEISTERSTELLE

Der Holzbaubetrieb in Ihrlerstein, „auf der Brand", wie die Einheimischen dazu sagen, hatte die beiden Sparten Schreinerei und moderner Holzbaubetrieb. Mit dreißig Beschäftigten ein stattliches Unternehmen. Meine Aufgabe sollte es sein, den Holzbaubetrieb zu leiten und die Arbeiten in der Produktion zu

Ein neuer Dachstuhl auf dem Weg zur Baustelle

koordinieren. Wir stellten damals schwerpunktmäßig Ingenieur-Holzhäuser her. Drei bis vier dieser modernen Holzhäuser wurden pro Jahr produziert und in ganz Deutschland aufgebaut.

Die Montagen waren immer spannend, aber auch anstrengend. 12- bis 13-Stunden-Tage waren üblich. In dieser Zeit konnte ich mir das aktuelle Wissen über den modernen Holzbau aneignen: Verbindungstechniken, Arbeitsabläufe, Materialbestellungen, alles, was mich für meine spätere Aufgabe fit machen sollte.

Die Wege des Herrn sind in manchen Situationen vielleicht nicht sofort verständlich, im Rückblick aber dann durchaus nachvollziehbar. Eine der vielen neuen Herausforderungen als Jungmeister war, dass ich nicht mehr Geselle, sondern eben Meister war und damit Ansagen und Arbeitsanweisungen geben und mich manches Mal gegenüber unwilligen Mitarbeitern durchsetzen musste.

Als angestellter Meister in einem Familienbetrieb stehst du immer zwischen Chef, Auftraggebern und Angestellten, Auszubildenden, Zimmerern und Bauhelfern. Eine neue Erfahrung! Da steht ein junger, noch grün hinter den Ohren wirkender Lausbub in der Halle und möchte den Altgesellen, die kurz vor der Rente stehen, etwas Neues erzählen. Da ich als mittleres von drei Kindern, mit einer älteren Schwester und einem jüngeren Bruder, aufgewachsen war, konnte ich da auf einen reichen Erfahrungsschatz aus meiner Kindheit zurückgreifen. Nach zwei Jahren, so lange braucht man, um sich in einer anspruchsvollen Arbeit zurechtzufinden, klappte die Sache dann auch ganz gut.

Die Vorbereitungen der Holzhausmontagen waren aufwendig. Das komplette Haus musste auf mehrere Lkw verladen werden. Das vielfältige Werkzeug kam anhand der Werkzeugliste in einen 10-Fuß-Container, damit die Montage reibungslos verlaufen konnte.

Wie ich später feststellte, waren dies alles Erfahrungen, die ich nach zwei Jahren gut gebrauchen konnte. Sie stellten die Grundlagen für die Aufgabe dar, die der barmherzige Gott aufgrund meines Versprechens für mich vorgesehen hatte.

Da der Betrieb expandierte, durfte ich damals unter anderem die Ausführungsplanung für das neue Bürogebäude erstellen. Ein komplexer, gewagter Waben-Bau auf sechseckigen Grundrissen. In dieser Zeit hatte sich Jörg, ein Wandergeselle des Rolandschachtes, bei uns zum Arbeiten gemeldet. Es war schon faszinierend, von den Abenteuern zu hören, die ein Wandergeselle so erlebt. Ich hatte mich ja ebenfalls bei dieser Zunft angemeldet,

Ein MAN-Autokran für die Montage der großen Bauteile

aber der Wehrdienst hatte den besagten Strich durch die Rechnung gemacht.

Die Entscheidung für die Meisterschule hatte vor der Entscheidung gewonnen, auf die „Walz", also auf Wanderschaft zu gehen. Dass ich in späteren Jahren eine längere „Walz" ganz anderer Art unternehmen würde – auch dies war damals noch nicht im Geringsten absehbar.

DIE ZEIT VERGEHT

Das Frühjahr 1993 war geprägt von beruflicher Geschäftigkeit, von privaten Aufträgen an den Wochenenden und aktiver Freizeitgestaltung. Die Wochenenden waren definitiv zu kurz.

Trotz Ausnutzung der nächtlichen Stunden beim Tanzen im Lokal oder in der Disco freuten wir uns als Musikgruppe „Genesis" auf die Jugendgottesdienste an den Sonntagen, bei denen wir die örtlichen Landjugendgruppen musikalisch unterstützten. Das erinnert mich an den Spruch:

„Wo man singt,
da lass dich nieder –
böse Menschen haben keine Lieder."

Anfang der 90er-Jahre gründete sich, nur einige Kilometer von Pförring entfernt, ein Gebetskreis in Mindelstetten. Dort wurde Anna Schäffer, die später heiliggesprochen wurde, sehr verehrt. Johann Bauer, der damalige Pfarrer von Mindelstetten, veranstaltete Ende der 80er-Jahre schon Buswallfahrten nach Medjugorje. Aus diesen Wallfahrten, an denen ich 1989 und 1991 teilnehmen konnte, waren obige Gebetskreise entstanden. Dort wurde unter anderem auch für einen Vortrag mit dem Titel: „Mein Weg zum Glauben" von Hubert Liebherr geworben.

Ich kannte die Firma Liebherr nur von den großen Kränen, Baumaschinen, Radladern und Kühlschränken. Wer sich damals als Bauunternehmer einen Liebherr-Bagger leisten konnte, galt als aufstrebender Betrieb.

DER VORTRAG

Donnerstag, 13. Mai 1993, Pfarrsaal Wolnzach in der Holledau. Der Saal war bis auf den letzten Platz gefüllt. Ich konnte ganz hinten an der Mauer einen der letzten Stühle für mich ergattern. Dank der vielen Zuhörer war es, obwohl erst Frühling, schon gleich zu Beginn im Saal sehr warm. Wie Hubert sein Leben vor und nach einem entscheidenden Autounfall schilderte, empfand ich als überaus spannend. Vom Saulus zum Paulus, nur anstatt des Pferdes ein PS-starkes Auto – quasi vom Jetset zum Rosenkranz.

Der Vortrag war kurzweilig und für mich ziemlich interessant. Zum Schluss erzählte er noch nebenbei, dass sein Freund Axel, ein Förster aus Oberaudorf, kleine Holzhäuser für das Kriegsgebiet in Kroatien baue.

Das war der Gamechanger, in dem Augenblick leuchtete in meinem Kopf eine große rote Signallampe auf. Nach dem Vortrag musste ich dringend mit Hubert über dieses Projekt sprechen, das er eben angeschnitten hatte. Es ist wie beim Lesen eines Abschnittes in der Bibel. Ein Satz, ein Zitat, ein Wort sticht beim Lesen hervor. Man kann weiterlesen oder sich fragen: „Was hat dieses Wort mir zu sagen, was hat Gott mir persönlich und ganz konkret mit dieser Passage zu sagen, so, wie es dort geschrieben steht?“

„Der Mensch lebt nicht vom Brot allein, sondern von jedem Wort, das aus Gottes Mund kommt.“ (vgl. 5. Mo 8,3)

Einige Wochen zuvor war ich beim Aufschlagen der Bibel über folgenden Vers gestolpert:

„Doch der HERR sprach zu ihm:
Weil es dir am Herzen lag, meinem
Namen ein Haus zu bauen,
hast du einen guten Entschluss gefasst.
Ja, es lag dir am Herzen.“ (1. Kön 8,18)

Ich konnte diesem Abschnitt aus dem Buch der Könige zunächst keinen sinnvollen Inhalt für mich persönlich entnehmen. Und jetzt das: Holzhäuser, das war mein Stichwort! Dass „im Kriegsgebiet“ als Bonus mit dabei war, stellte ich erst später fest. Dass mit und durch diese Aktion daraus später wirklich Gotteshäuser werden sollten, vom Nordkap bis zum Äquator, konnte meine jugendliche Einfalt nicht ermessen. Nach dem Vortrag gab es eine lange Warteschlange, viele wollten einmal mit Hubert sprechen. Es waren auch viele Wallfahrer dabei, die Hubert von den Reisen, die er gemeinsam mit Albrecht Graf von Brandenstein-Zeppelin nach Medjugorje organisierte, kannten.

Zum Schluss sprach ich Hubert auf die Holzhausaktion an. Da er schon auf dem Sprung war, sagte er lapidar: „Ruf doch einfach selber bei Axel an. In meinem Büro in Beuren bekommst du die Telefonnummer.“

Am nächsten Tag rief ich also dort an und eine gewisse Maria teilte mir mit freundlicher Stimme die Telefonnummer von Axel, dem Förster aus Oberaudorf, mit.

DAS KRIEGSGEBIET

DAS TELEFONAT

Fünf Anrufe waren nötig, bis ich Axel endlich erreichen konnte. Man möchte es nicht glauben, aber es war tatsächlich so, dass das Telefon nicht transportabel war, sondern an einem Kabel seinen festen Standort hatte. Das hatte natürlich auch den Vorteil, das Telefon nicht suchen zu müssen. Wir hatten dieses Telefon erst seit ein paar Jahren, vorher hatten wir immer zum Nachbarn rübergehen müssen, um anzurufen. Als wir dann endlich einen eigenen Apparat hatten und ich für die Jugendarbeit viel telefonieren musste, kam oft der Kommentar, dass es jetzt reichen würde.

Axel fragte, wie ich denn auf ihn käme; er war nicht verwundert, sondern eher überrascht, dass ich mich so bald meldete. Jahre später erfuhr ich, dass er schon länger einen Fachmann gesucht hatte, der vor Ort aktiv werden könnte, um diese Aktion zu koordinieren. Dies war auch ein Gebetsanliegen von ihm. Er erklärte mir ausführlich die „Salzburger Aktion“, bei der die Bauern aus Tirol und Bayern den Bauern in Kroatien und Bosnien-Herzegowina konkret und unbürokratisch halfen. Eine Nothilfe, die dringend erforderlich war, um dort eine humanitäre Katastrophe zu verhindern. Die Häuser der kroatischen und bosnischen Bauern waren größtenteils zerbombt und es drohte, dass die Ernte nicht mehr rechtzeitig eingefahren werden konnte. Aus der Not war die Idee geboren worden, kleine provisorische Holzhäuser in den stark betroffenen Dörfern zu bauen, bis das Gröbste überstanden war. Als Zweitnutzung konnten die Häuser später immer noch als Heulager oder für die Tierzucht verwendet werden. Er selber, bemerkte Axel, habe bereits über 10.000 m³ Holz von den bayerischen Staatsforsten als humanitäre Hilfe in das Kriegsgebiet organisieren können. Am Ende des Telefonates sagte er: „Übrigens: Am Wochenende fahren Hubert und ich nach Mostar. Vorher besuchen wir noch das Holzhausprojekt in Sisak, ca. 60 Kilometer südöstlich von Zagreb, der Hauptstadt Kroatiens, gelegen. Hast du nicht Lust mitzufahren?“ *Wow, genau mein Ding*, war mein erster Gedanke, und ich dachte: *Mit diesen zwei Typen eine Woche unterwegs, was kann da schiefgehen?* – Und für ein Abenteuer war ich immer bereit.

Verladen der Bauteile

HÄUSERBAU IM KRIEGSGEBIET

Morgens, 3:30 Uhr, mein penetranter Wecker riss mich aus einem Traum, den ich nur mehr bruchstückhaft beim abrupten Aufwachen im Kopf hatte: Kanonendonner, Handkreissäge, Feiern? Ich wischte mir den ersten Morgenschock mit der Hand aus dem Gesicht, stellte meine Füße vorm Bett auf den kalten Eichenparkettboden und war augenblicklich wach. Jetzt gewann die reale Vorfreude auf den Kroatientrip die Oberhand. Nach dem Zähneputzen und einer kalten Dusche war ich „auf 100" –volle Einsatzbereitschaft.

Mein Körper hat sich durch die nächtlichen Alarmbereitschaften des Militärdienstes auf solche Szenarien gut einstellen können. Nachdem ich meine Zimmermannskluft angezogen und meinen Rucksack mit kleinem Gepäck locker über die Schulter geworfen hatte, schloss ich leise die Haustür, denn an diesem Tag war ich der Erste, der das Haus Thoma verließ. Es versprach ein sonniger Frühlingstag zu werden, mit den ersten Wärmevorboten eines heißen Sommers. Diese besonderen Momente des Morgens sind es, wenn es noch finster ist, aber sich im Osten die ersten schwachen Lichter der zaghaften Morgensonne erahnen lassen … dann, ja dann ist alles möglich. Mein Polo sprang zuverlässig an, erster Gang, Kupplung, Vollgas und los Richtung Süden nach Oberaudorf. Auf dem Autobahnrastplatz Holledau, auf der A9 Richtung München, spendierte ich mir einen heißen Kaffee, der aber schmeckte, als hätten ihn schon zwölf Lkw-Fahrer wegen Ungenießbarkeit am Vortag zurückgegeben. Immerhin, 110 km/h schaffte meine „Mordsmaschine" über den Irschenberg! Das schmälerte aber nicht meine Vorfreude. Punkt 6:00 Uhr war ich in Oberaudorf, einer Grenzstadt zu Tirol/Österreich.

Hubert hatte bei Axel übernachtet und erwartete mich bereits. Liese, Axels Frau, begrüßte mich herzlich und wir unterhielten uns alle angeregt beim Frühstück.

„Jetzt müssen wir aber los!“, drängte Hubert sanft und Axel stimmte ihm zu. 525 Kilometer bis Zagreb – es sollte mit den Wartezeiten bei den Grenzübergängen möglich sein, noch bei Tageslicht unser Ziel, ein Franziskanerkloster in Zagreb, zu erreichen. Axel wollte noch einige Projektdetails mit Hubert besprechen, daher schlug er vor, dass wir, ich mit Huberts Passat und er mit Hubert im Mercedes, die erste Tagesstrecke antraten. Er sagte nur: „Wir treffen uns dann in Slowenien gleich hinter der Grenze.“ – Grießbrei??? Ägypten??? Helgoland??? Wie sollte ich wissen, welche Autobahn nach Kroatien führte? Wo war die Grenze Österreich/Slowenien? Gab es noch weitere Grenzübergänge? Für Axel anscheinend nicht. Die Rücklichter seines Mercedes 500 gingen an, linker Blinker und weg waren Axel und Hubert. Mit zittrigen Händen sperrte ich den VW Passat von Hubert auf und musste den Sitz erst einige Raster nach vorne schieben, um an das Lenkrad zu kommen. Unversehens und ungefragt fühlte ich mich wie Walter Röhrl bei einem 24-Stunden-Verfolgungsrennen. Bis zur nahen Grenze zu Österreich konnten mich die beiden nicht abhängen. Aber dort wurde ich dann – im Gegensatz zu Axel und Hubert – kontrolliert. Wo ich denn genau hinwolle, fragte der freundliche Zollbeamte. Ich konnte ihm nur antworten, dass ich das auch nicht so genau wisse. „Irgendwo nach Zagreb“, sagte ich ihm. Nach einer kurzen Rücksprache mit seinem Zollkollegen gab er mir den Reisepass und winkte mich durch. Ich konnte im Vorbeifahren noch sehen, dass der Zöllner seinem Kollegen eine Geste zeigte, die zu sagen schien: „Typen gibt es, die fahren einfach ohne Plan drauflos.“ Hubert und Axel waren natürlich auf und davon. Irgendwie hatten die Zöllner ja recht.

Ohne Landkarte setzte ich meine Reise fort. Einfach Richtung Slowenien, wird schon klappen, amen.

Aufgrund des geringen Verkehrs war es mir möglich, Österreich locker zu durchqueren. An der slowenischen Grenze gab es ebenfalls keine Probleme, und so konnte ich ohne Kontrolle passieren. Kurz nach der Grenze sah ich den braunen Mercedes. Er und Axel seien auch eben erst angekommen, sagte Hubert wie ganz selbstverständlich zu mir. Ich glaube, bis hierher hatte mein Deo schon zum ersten Mal versagt. Axel bat mich, dass ich bei ihm einsteigen solle, da wir noch ein paar Details zum Aufbau der Häuser besprechen müssten.

Wir kamen am späten Nachmittag in einem Franziskanerkloster in Zagreb an und wurden freundlich von Pater Juri empfangen. Axel und Hubert besprachen die notwendigen Hilfsmaßnahmen und den anstehenden Lebensmitteltransport aus Deutschland in dieses Kriegsgebiet. Es herrschte eine unglaubliche Not. Hier wurde ich zum ersten Mal in meinem Leben direkt mit den Auswirkungen eines Krieges und dessen Folgen konfrontiert. Nach einer kurzen Nacht ging es dann zum Einsatzort nach Sisak.

War die Stadt Zagreb schon schwer durch den Krieg getroffen, so war es hier in Sisak besonders hart. Die depressive Stimmung, verursacht durch Aggression und Gewalt, lastete schwer auf der Stadt und ihren Einwohnern. Viele Häuserfronten waren übersät mit Kugeleinschlägen. Einige Giebel drohten wegen vorangegangener Granattreffer einzustürzen. Die Stadtkirche war ausgebombt; es standen nur noch Ruinen mit verkohlten Balken, die wie steinerne Ankläger wirkten. In diesem Dorf sollten die ersten dreißig Nothäuser aufgebaut werden, damit die Bauern die anstehende Ernte im Sommer einfahren konnten. Eine klassische Hilfe zur Selbsthilfe. Wir fuhren zu Jozo, dem Koordinator der Baumaßnahme. Er begrüßte uns herzlich und bestand darauf, uns zu einem Kaffee in sein Haus einzuladen.

Jozo sprach ganz gut Deutsch, weil er, wie er erklärte, einige Jahre in Deutschland gearbeitet hatte. Aber als der Krieg losging …, mehr wollte er zu diesem Zeitpunkt nicht sagen und bat uns an den Küchentisch.

„Es wird Zeit zum Aufbruch“, sagte Hubert. Augenblicklich war ich erleichtert, diese Stadt wieder verlassen zu können. Am

Auto eröffnete Hubert mir dann: „Also Bernhard, morgen beginnt ihr mit dem Aufbau. Jozo kommt mit den Männern zur Baustelle und wir treffen uns dann am Sonntagmorgen für die Rückreise." Ungläubig drehte ich mich um, ob es noch einen weiteren Bernhard gäbe, dem war aber nicht so. Die Erkenntnis traf mich wie ein unerwarteter Schlag in die Magengrube: Erst tut es nicht einmal weh, dann bleibt dir die Luft weg. Auf diesem ganzen Reiseweg hatte ich irgendwie nicht mitbekommen, dass ich eine Woche mit den Kroaten die Häuser aufbauen sollte. Mein Stand der Dinge war, dass ich Hubert und Axel begleitete und eine fachliche Expertise über den Baufortschritt erstellte. Anscheinend waren mir diese Gedanken leicht vom Gesicht abzulesen, denn Axel sagte zu mir: „Wir fahren nach Mostar zum Bischof, geben dort persönlich einen Brief ab und bei der Rückfahrt besuchen wir noch weitere humanitäre Hilfsprojekte. – Das schaffst du schon!" Bevor ich antworten konnte, sah ich vom blauen Passat nur noch die Rückleuchten, die aus der Dorfstraße in die Hauptstraße einbogen. Axel hatte seinen Mercedes im Dorf gelassen, denn sie wollten durch nicht ganz ungefährliche Gebiete reisen, wo es besser war, nicht groß aufzufallen. Ich konnte das Fahrzeug auch benutzen, um zur Baustelle zu kommen.

Vermessen der Fundamente

Damit ich schneller über meine Verwunderung hinwegkommen konnte, bot Jozo an, mir die Baustelle zu zeigen, wo wir morgen mit der Helfermannschaft die ersten Nothäuser aufbauen sollten. Auf der Baustelle war alles recht chaotisch; da hatte ich also einiges zu tun. Wir fuhren weiter zu meinem Übernachtungsplatz. Axel hatte mich als Bauleiter beim Vize-Verteidigungsminister Degan einquartiert. Ein netter, freundlicher, untersetzter Mann mit prägnanten Augenbrauen, die locker für zwei Drahthaarbesen ausgereicht hätten. Seine Frau Jara ließ es sich nicht nehmen, jeden Abend für mich ausreichend aufzutischen, und ich musste, ob ich wollte oder nicht, Ćevapčići, Ražnjići, Pljeskavica, Paprika, Gurken, Brot mit Aufstrich und vieles mehr in gebührender Menge verzehren. Wenn ich Degan so von der Seite anschaute, kam mir ein alter bayerischer Spruch in den Sinn:

„Ein leerer Sack steht nicht.“

Nach einer unruhigen Nacht wachte ich etwas zerknittert auf. Schnell mit der Zahnbürste raus in das Nebengebäude, wo es einen Brunnen gab. Das eiskalte Wasser regte meine Sinne wieder an. Ich dachte schon, die Zahnbürste würde an den schlotternden Zähnen festfrieren.

Degan erklärte mir über Jozo, der übersetzte, dass sie gerade dabei seien, die Wasserleitung neu zu verlegen. Bis zum Samstag sollte alles wieder einwandfrei funktionieren. Ob dies wirklich so war, ist mir bis heute nicht bekannt.

Bis zur Baustelle waren es vielleicht zwei bis drei Kilometer; ein Außenbezirk von Sisak. Dort hatte die Frontlinie vorbeigeführt, daher die totale Zerstörung der Häuser. Hier war die Hilfe für die Bauern existenziell. In diesen Nothäusern könnten sie wohnen und die Felder bestellen, bis die alten Ruinen wieder aufgebaut wären. Jozo stellte mich kurz vor und erklärte, dass ich sie beim Aufbau unterstützen würde. Ich hielt eine kurze Ansprache und los ging's.

Die circa dreißig Männer waren sichtlich froh, eine Unterstützung zu bekommen. Nicht unbedingt als weitere Arbeitskraft, sondern wegen der Tatsache, dass ein Deutscher beim Aufbau ihrer Häuser freiwillig mit anpacken wollte. Mit ehrlicher Dankbarkeit sahen mich zwei Augen aus einem zerflatterten Gesicht an, die, wie ich später erfuhr, zu Ivo gehörten, als er mir zur Pause ein Stück Brot und einen Schluck aus der Ein-Liter-Zwetschgenschnapsflasche – selbstgebrannt – anbot. Ich lehnte dankend ab. Einem kleinen kühlen Bierchen gegenüber – was damals durchaus gängige Praxis war – wäre ich nicht abgeneigt gewesen. Wanja nutzte allerdings die Gelegenheit und ließ sich nicht zweimal bitten.

Wie ich es durch meine Meisterstelle gelernt hatte, wollte ich mir in den ersten Stunden zunächst einmal ein Bild der Lage machen, bevor ich systemeingreifend tätig werden musste. Während der Pause rief ich Jozo zu mir. Der Bautrupp bestand aus einer Gruppe von dreißig Männern. Fünf arbeiteten, fünfundzwanzig waren für die Arbeitsmotivation zuständig. Eine übliche Praxis in kommunistischen Ländern, wie ich später noch erfahren sollte. Ich sagte zu ihm, dass es zwei Änderungen geben müsse, damit am Ende der Woche fünf Häuser fertig aufgebaut seien. Er stimmte zu und fragte, was er tun könne. Nach der Pause gab es dann eine Baubesprechung. Ich teilte die Mannschaft in fünf Gruppen ein und stellte klar, dass Schnaps erst ab 16:00 Uhr akzeptabel sei. Drei von ihnen, schon betrunkene Männer, schnappten sich die Flasche und gingen nach Hause. Der Rest der Mannschaft wusste, dass es für ihre Familien wichtig war, ein Dach über dem Kopf zu haben, und war froh, eine fachliche Hilfe zu bekommen.

Die erste Gruppe war für die Planierarbeiten des Untergrundes der dreißig Häuser zuständig. Eine zweite Gruppe setzte nach

Zeit für Schaschlik am Straßenrand

Anweisungen die Fundamente. Die dritte Gruppe beschäftigte sich mit der Montage der Bodenelemente. Wände und Dachstuhl oblagen der vierten Gruppe und die letzte war für die Dacheindeckung und Fassadenverkleidung verantwortlich. Die erste Verwunderung legte sich schnell und die Männer erkannten, dass mit dieser Herangehensweise viel mehr zu leisten war. Der Wetterbericht hatte für Ende der Woche zudem Regen angesagt. So vergingen diese Frühlingstage in Kroatien, in der kleinen Stadt Sisak, im gleichbleibenden Rhythmus: Um 6:00 Uhr morgens wurde gemolken, Frühstück, Fahrt zur Baustelle, Aufbau der Häuser, Rückfahrt, Abendessen und schlafen.

Am Samstag stellten wir unser siebtes Haus fertig. Es herrschte ausgelassene Stimmung. Fünf der Kroaten sprachen etwas Deutsch, was sie in Deutschland gelernt hatten. Mit den anderen konnte ich auch Spaß haben, ohne genau zu verstehen, was sie sagten. (Heute empfinde ich es in Gesprächen oft so, dass zwar die gleiche Sprache gesprochen wird, doch der Gesprächspartner das Gesagte partout nicht verstehen möchte.)

Am Nachmittag kam Bewegung in die Mannschaft. In der Nachbarschaft wurde ein Schwein geschlachtet. Ab 15:00 Uhr stand die Baustelle still. Mit den Bretterabfällen, die von den Häusern angefallen waren, wurde ein Lagerfeuer entzündet. Einige dicke Eichenstücke wurden nachgelegt. Jakov, ein alter Mann, lächelte mich mit den verbliebenen drei Zähnen strahlend an und sagte zu mir: „Schaschlik, gut!" Und so nahm die Feier ihren Lauf. Die Sonne ging schon langsam unter. Ich aß das beste Schaschlik meines Lebens und machte mir eine Dose Bier auf. Eigentlich war ja Alkoholverbot, aber so eine kleine Dose für einen ausgewachsenen Zimmermann dürfte kein Problem darstellen.

Miran kam mit einer Ziach, einem diatonischen Akkordeon mit wechseltönigem Diskant und wechseltönigem Bass, und begleitete diese Feier musikalisch. Nach dem dritten Lied stimmte er eine Melodie an, die ich als melancholisches Volkslied einordnen würde. Es wurde mucksmäuschenstill. Ivo sang das Lied und beim Kehrvers sangen viele mit. Tränen standen Ivo im Gesicht und ich konnte nur ansatzweise erahnen, was er und viele im Krieg alles erlebt haben mussten.

Oh je, inzwischen war es schon ganz finster. Ich sollte eigentlich spätestens bei Nachteinbruch wieder in meinem Quartier sein. Degan hatte mich eindringlich darauf hingewiesen. Axels Mercedes hatte aber, im Vergleich zu meinem Polo, ein gutes Licht und so kam ich wohlbehalten im Quartier an. Ich ging lautlos über die Außentreppe zu meinem Zimmer im ersten Stock und fiel wie ein Stein auf meine Matratze. Mitten in der Nacht fühlte ich mich plötzlich, als überfahre mich eine Diesellok, als Degan wütend und mit den Händen fuchtelnd in meinem Zimmer stand. Die Tirade hatte er schon auf der Treppe begonnen, umso lauter wurde seine Stimme, als er direkt vor mir stand. Ja, jetzt wäre ein klein wenig Kroatisch von Vorteil gewesen. Ich hob nur die Schultern und versuchte zu erklären, dass ich keinen blassen Schimmer hätte, was ich falsch gemacht haben könnte. War doch ein toller Abend am Lagerfeuer.

Am nächsten Morgen war ich schon frühzeitig auf den Beinen. Jozo war auch gekommen; er wollte mit mir auf Hubert und Axel warten, die hoffentlich heute kommen und mich mitnehmen würden. Degan hatte sich jetzt wieder beruhigt, erklärte aber Jozo, was für ein Glück ich gestern Nacht gehabt hätte. Jozo übersetzte, und je mehr ich verstand, wich auch die Farbe aus meinem Gesicht. Ich wusste nicht, dass die Strecke zur Baustelle in einem Abschnitt immer noch eine aktive Frontlinie war, zwar etwas entfernt und es herrschte seit einigen Wochen Waffenruhe, aber trotzdem gefährlich. Es hatte in letzter Zeit immer wieder Granateinschläge von Seiten der Serben gegeben, die die Waffenruhe in der Nacht im angeheiterten Zustand als freundliche Empfehlung verstanden und Scheinwerfer als bewegliche Ziele ansahen. Ich entschuldigte mich bei Degan für meine Unkenntnis. Er aber lachte laut und sagte, es wäre ja nur schade um den Mercedes gewesen. Den Witz habe ich bis heute nicht verstanden; ich war aber froh, in dieser Situation einen guten Schutzengel gehabt zu haben. Durch das Küchenfenster sah ich den blauen Passat von Hubert in die Dorfstraße einbiegen.

Zum Abschied drückte mir Degan noch ein Abzeichen in die Hand und dankte mir mit überschwänglichen Worten für meinen ehrenamtlichen Einsatz in Sisak. – So jedenfalls interpretierte ich seine kurze Ansprache an mich.

Nach einem obligatorischen Abschiedskaffee saß ich wieder auf dem Beifahrersitz des Mercedes in Richtung Heimat und war froh, dass die Scheinwerfer noch funktionierten. Das habe ich Axel aber nicht erzählt.

DER AUFTRAG

DIE EINLADUNG

Wow, war das ein Abenteuer in Kroatien, dachte ich, als der Kurzurlaub wieder zu Ende und ich auf dem Weg zur Arbeit noch halb in Gedanken war. Die Tage wurden länger und auch wärmer. Die schwarze Zunftkleidung kann sich ganz schön aufheizen, das spürte ich beim Arbeiten auf dem Dach unseres neuen Bürokomplexes.

„Was gut für die Kälte ist,
sollte auch gut für die Hitze sein“,

so ein alter Spruch.

Wenn die Staude, das weiße Baumwollhemd mit den drei Biesen rechts und links, erst einmal durchgeschwitzt ist, wirkt es mit der Verdunstung wie ein Kühlaggregat. Soweit die Theorie – irgendwas habe ich an diesem heißen Tag aber wohl falsch gemacht.

So vergingen circa vier Wochen. Mit dem Schweißbrenner und drei Lagen Bitumenbahnen dichteten Anton und ich das Flachdach ab. Die Hitze der extrem erwärmten Bitumenbahnen schlich sich durch die Sicherheitsschuhe Richtung Fußsohlen. Die Feuchtigkeit stand schon fast in den Schuhen und ich nahm im Schatten einen Schluck aus der Wasserflasche. „Bernhard", der Seniorchef rief nach mir, ich solle ins Büro kommen, „da ruft ein Axel an."

Es wurde nicht gern gesehen, während der Arbeitszeit private Telefonate zu führen. Das wusste ich, deshalb machte ich es kurz. Axel teilte mir mit, dass in der kommenden Woche die Einweihung der Häuser in Sisak stattfände, und bot mir an, mit dabei zu sein. „Gerne bin ich mit dabei. Also dann bis Samstagmorgen bei dir in Oberaudorf." Ich legte den Hörer wieder auf.

Mit dem Hochziehen der linken Augenbraue signalisierte mir der Seniorchef, dass mein Kontingent privater Anrufe für diesen Monat erschöpft sei – dabei war erst Monatsbeginn.

EINWEIHUNGSFEST IN SISAK

Die Fahrt nach Sisak gestaltete sich unspektakulär. Dort angekommen, war das Fest schon in vollem Gange. Einunddreißig Häuser zählte ich, Respekt, die hatten sich echt rangehalten. *Miran, Miran*, soll heißen: Ruhe, Ruhe – dies und noch ein paar andere Worte habe ich dort in der Einsatzwoche gelernt.

Der Bürgermeister hielt eine bewegende Rede. Ich verstand zwar nichts, aber die Gesichter der Menschen wirkten ergriffen. Aus der Menge sah ich, wie ein Priester mit Kreuz und zwei Ministranten, die je einen großen Kerzenleuchter trugen, auf uns zukamen. Ein Haus war besonders geschmückt. Die kleine Prozession stoppte an diesem Haus und Pfarrer Slavko öffnete die Tür. Jetzt war ich doch erstaunt. Eines dieser Häuser wurde zur Kapelle umfunktioniert, da ja das Kirchengebäude des Ortes bei einem Angriff komplett zerstört worden war. Es wurde eine festliche Heilige Messe vor der Kapelle gefeiert, da die Menschengruppe so groß und die Kapelle sichtlich zu klein war. Aber es war ein Zeichen der Hoffnung, des Aufbruchs. Ein Neubeginn ist möglich, schienen die gehobelten Holzbalken zu sagen, die funkelnd in der Nachmittagssonne glänzten.

Der Kirchenchor „Pjesma Hvale Bogu“ (was übersetzt ungefähr „Lobgesang für Gott“ heißt) war überraschend gut mit tollen Sopranstimmen und wunderbaren Alt- und Tenorstimmen ausgestattet, die von fünf exzellenten Bässen getragen wurden. Zwei Jahre Krieg waren den Menschen deutlich anzusehen. Jozo, unser Dolmetscher, sagte mir an einem Abend einmal, dass er so viele grauenhafte Dinge gesehen habe. Und es war egal, ob Serben, Kroaten oder Moslems. „Wenn du Mann gegen Mann stehst und du deine Familie und dein Dorf verteidigen musst …“, mehr sagte er nicht.

Nach einer kurzen Stille meinte er zu mir: „Bernhard, bete zu Gott, dass du niemals vor diese Wahl gestellt wirst. Vor dem Krieg haben Moslems und Christen Haus an Haus gewohnt. Langjährige Freundschaften sind entstanden. Moslems waren zuerst gemeinsam mit den Kroaten gegen die Serben im Einsatz. Dann wechselten die Moslems die Seiten. Von da an gab es auch Krieg mit den Nachbarn. Im Krieg verliert jeder!“

Nachdem das Schlusslied verklungen war und eine Ansprache die andere ablöste, war die Feier schon in vollem Gange. Axel hatte auch seine Ziach dabei und es gesellten sich spontan zwei kroatische Musiker dazu, ein großer Kontrabass und eine Tamburica, eine Art Gitarre, die in Bosnien, Kroatien und Serbien weit verbreitet ist.

Es ist doch immer wieder erstaunlich, wie sich fremde Menschen aus verschiedenen Kulturen, die nicht einmal dieselbe Sprache sprechen, mit einem Lächeln und beim gemeinsamen Musizieren prächtig verstehen. Mich hat der große Kontrabass fasziniert. In meiner Musikgruppe spielte ich den Elektro-Bass, aber von so einem Teil war ich absolut beeindruckt.

Eine große Geige, auch für Zimmererhände geeignet, dachte ich. Später sollte ich einmal so ein Teil zum Geburtstag geschenkt bekommen und selbst die kräftigen Bassseiten zupfen.

Degan, mein Freund, hatte mich eingeladen, bei ihm zu Hause zu übernachten. Er versprach auch, mich in der Nacht nicht ein weiteres Mal zu überfallen. Damit war ich doch sehr zufrieden.

Am Sonntagmorgen traten wir, zeitig in der Früh, die Heimreise an. Wie bei der letzten Rückreise machten wir im Franziskanerkloster in Zagreb halt und feierten dort mit der Gemeinde die Heilige Messe.

Nach diesem ereignisreichen Wochenende begann für mich eine geschäftige Arbeitswoche, die immer wieder mit Gedankenfetzen von Gesprächen, Erlebtem und den starken Eindrücken des Erlebten durchzogen war.

DIESE KAPELLE BAUE ICH DIR!

Die Luft war stickig und ich öffnete das kleine Fenster im alten Büro. *Hoffentlich können wir bald in die neuen klimatisierten Büroräume umziehen*, dachte ich, als ich in die große Abbund-Halle nach unten schaute, wo die Zimmerer das nächste Holzhaus abbanden. Ich sah, wie Christian die schweren Dachelemente mit dem Hallenkran stapelte.

Das erinnerte mich daran, die 90 Millimeter langen Magazinnägel für den Schussapparat zu bestellen. Ein schrilles Klingeln des Telefons brachte mich wieder aus den Überlegungen zurück, und ich nahm den Telefonhörer ab. Als ich Huberts Stimme hörte, war ich zuerst überrascht und dann zugleich froh, dass ich allein im Büro war. Senior- und Juniorchef waren auf einer Fachmesse; ich sollte das Tagesgeschäft übernehmen.

„Hallo Bernhard, kannst du dich noch an die Kapelle in Sisak erinnern?“ Was für eine Frage, ich war ja beim Aufbau der Häuser mit dabei gewesen.

Dieses Telefonat war erstaunlich und sollte gravierende, einschneidende Folgen für mein weiteres Leben haben. Seit meinem

Versprechen in der Bürgersaalkirche, vor dem Grab des seligen Pater Rupert Mayer, waren jetzt schon zwei Jahre vergangen, es wäre also noch ein Jahr Zeit, sich für einen Einsatz bereitzuhalten.

Aber der Reihe nach:

Hubert erklärte mir in einem längeren Telefonat: „Ich melde mich als Vorsitzender des Vereins Medjugorje Deutschland. Wie du weißt, führen wir auch Hilfstransporte vom Vereinssitz in Beuren nach Kroatien und Bosnien-Herzegowina durch. Ein Hilfstransport ging sogar nach Moskau, da es jetzt nach der Grenzöffnung möglich war, kleine katholische Pfarreien mit humanitärer Hilfe zu unterstützen und wir auch diesbezüglich Anfragen hatten. Dieser besagte Hilfstransport ging direkt zur Kurie als Verteilungszentrum nach Moskau. Michael, der Lkw-Fahrer, sagte beim Abendessen mit dem Erzbischof, dass sie auch Holzkapellen nach Kroatien liefern würden. Michael hatte dies aber wahrscheinlich falsch verstanden. Die Kroaten bauten ja selbst ein Nothaus zur Kapelle um. Der Erzbischof war aber sofort begeistert und bestellte sogleich eine Kapelle für die katholische kleine Pfarrei in Rostov am Don in Südrussland.

Mit einem Kapellenauftrag als Rückladung kam also Michael nach Beuren und erzählte die ganze Geschichte. „Ich war am Anfang nicht begeistert von dieser Idee. Du musst wissen, Bernhard, die Firma Liebherr hatte als eine der ersten deutschen Firmen nach der Öffnung ein Joint-Venture-Projekt in Odessa am Schwarzen Meer. Dort sollten Autokrane montiert werden. Nichts hat geklappt, alle Teile genügten nicht den geforderten Normen, die Arbeiter kamen, wann sie wollten, ein Graus. Keinen einzigen Autokran haben sie selbstständig aus der Halle gebracht. Russland war für mich erledigt. Und dann diese Anfrage des Erzbischofs Kondrusevic aus Moskau. Ich wollte sie aber nicht einfach auf die Seite legen. Ich rief Axel an und fragte ihn, ob er mir sagen könne, wie viel so ein umgebautes Nothaus denn wiegen würde, was es koste und wie viel Platz für den Transport einer Kapelle benötigt würde. Ich dachte mir, damit hat sich die Sache für mich erledigt, da alle Bausätze bereits aufgebaut waren und kein Vorhaben bestand, weitere zu bauen. Da sagte Axel ganz pragmatisch: ‚Frag' doch den Bernhard, der kennt sich da aus. Ich gebe dir die Nummer seiner Arbeitsstelle, vielleicht kann der dir ja weiterhelfen. Vielleicht baut er dir ja die Kapelle.' So weit die Vorgeschichte, Bernhard, was sagst du denn dazu?"

Hubert wartete auf eine Antwort von mir. Eine Kirche für Russland zu bauen, dies war doch der Auftrag, auf den ich vom Himmel wartete – für ein Jahr galt ja noch das Versprechen! Ohne weitere Überlegungen und unter völliger Nichtbeachtung der kleinen aufkeimenden Bedenkenträger in meinem Kopf sagte ich zu ihm: „Hubert, diese Kapelle baue ich dir!"

VORBILD GNADENKAPELLE

Die Überraschung war jetzt auf Huberts Seite. Eine ganze Zeit lang sagte er erst mal nichts. Er begann sich kurz zu räuspern und meinte dann: „Gut, dann schau' doch mal, was so eine Kapelle kostet."

Ich fragte ihn: „Wie soll sie denn aussehen?"

Diese Frage wusste Hubert aus dem Stegreif nicht zu beantworten. „Komm doch einfach am nächsten Samstag zum Gebetstag nach Marienfried, dann können wir die Größe der Kapelle besprechen."

Am Samstag, den 17. Juli 1993, genau auf den Tag zwei Jahre nachdem ich das Versprechen in München abgelegt hatte, fuhr ich also mit meinem BMW nach Marienfried. Meine Polo-„Rennsemmel" war für weitere Distanzen einfach nicht mehr brauchbar gewesen und ich hatte sie gegen einen BMW-Jahres-

Vor der Gnadenkapelle in Marienfried

wagen eingetauscht. Damit waren die weiten Strecken deutlich entspannter zurückzulegen.

Es war ein regnerischer Samstagnachmittag, als ich Hubert nach der Heiligen Messe vor der Gnadenkapelle traf. Nach der Begrüßung sagte er zu mir: „Ich weiß immer noch nicht, wie so eine Kapelle für Russland aussehen soll. Nehmen wir doch einfach die Maße dieser Schönstattkapelle." Ich zückte meinen Zimmererbleistift, skizzierte den Grundriss und Ansichten und Hubert maß, laut zählend, in langen Schritten die Kirche ab. Ingrid, eine Bekannte aus meinem Nachbarort, übernahm die „Schirmherrschaft" und schützte den Aufmaß-Plan vor den gröbsten Wassertropfen. „So, das hätten wir", sagte ich zu Hubert. „Lass mich den Plan machen, und dann kann ich die Kosten ermitteln."

DIE KIRCHENPLANUNG

Als ich zu Hause war, machte ich mich sofort an die Arbeit. Ich war froh, dass ich für die Meisterschule eine qualitativ gute Zeichenplatte erworben hatte. Das Papier aufgespannt, zog ich mit

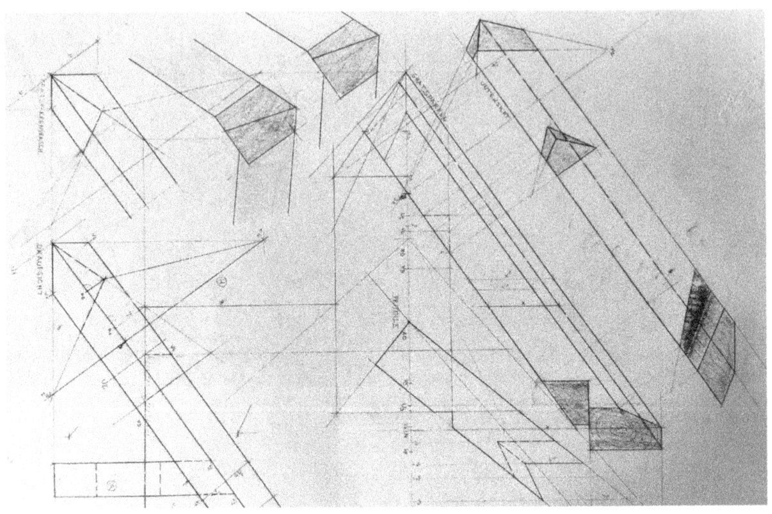

Werkplanung für den Glockenturm

einem Bleistift die erste Grundlinie. Der erste Strich zu einem großen Werk!

Strich für Strich entstand die Kapelle. Die einzelnen Bauteile optimierte ich für die verwendeten Konstruktionshölzer. Und jetzt noch ein toller Glockenturm, Schnitt und Grundriss, schon war der Plan fertig. Zugegeben, es hat doch etliche Stunden gedauert, bis die Kapelle Teil für Teil geplant und geistig circa einhundertmal aufgebaut worden war. Am Ende war ich aber sehr zufrieden. Jetzt zeigte sich, dass sich eine qualifizierte Ausbildung immer auszahlt, und nach ein paar Tagen schickte ich die Pläne und die Kostenkalkulation per Fax nach Beuren.

Als ich danach mit Hubert telefonierte, sagte er am Ende: „Passt Bernhard, der Verein Medjugorje Deutschland übernimmt die Materialkosten, bauen musst du sie aber."

Ich klärte am nächsten Tag mit der Firma ab, ob ich die Produktionshalle und die Werktische an den Wochenenden, den Freitagnachmittagen und Samstagen, nutzen durfte. Freundlicherweise erhielt ich eine positive Rückmeldung. *So, Bernhard, jetzt brauchst du nur noch ein paar Helfer, denn allein klappt das nicht.* Ende August hatten wir vierzehn Tage Betriebsurlaub. In dieser Zeit wollte ich die meisten Bauteile in Fertigbauweise herstellen.

Da kam es ganz recht, dass in ein paar Tagen die Jugendvesper wieder anstand, dort wollte ich Werbung für das Projekt machen. Am Schluss der Vesper fragte ich, wer denn Lust hätte mitzuhelfen, eine Kapelle für Russland zu bauen, am folgenden Samstag um 7:00 Uhr ginge es los. Da der Samstagvormittag den meisten Jugendlichen nach dem Discobesuch am Freitag zum Ausschlafen diente, hielt sich die Resonanz in Grenzen. Martin, ein Freund von mir, der damals Filialleiter einer Raiffeisenbank war, sagte nach der Vesper zu mir: „Bernhard, ich komme morgen mit einem Auto voll Helfer.“ Tolle Zusage, aber ob am nächsten Tag wirklich jemand käme?

Martin organisierte die Jugendvesper mit den Priestern und wechselnden Jugendgruppen, und unsere Band war für die musikalische Gestaltung zuständig.

Samstagmorgen, ich startete den großen Stapler, eine schwarze Dieselfontäne drang durch den langen Auspuff in den Himmel, und los ging es. Das Material war schon letzte Woche vom Holzhändler gekommen. Ich begann mit dem Abbund der Balkenlage.

Ob heute noch Helfer kommen würden? Kaum hatte dieser Gedanke sich beim Ansetzen der großen Handkreissäge verflüchtigt, sah ich Martin mit vier Mann in seinem Simca auf den Firmenparkplatz fahren. Es war genügend Arbeit für alle da. Jetzt ging es wirklich gut voran.

Am späten Samstagnachmittag sperrte ich die Halle wieder ab und war froh, dass die ersten Bauteile für diese Kapelle mit meinen Freunden gefertigt worden waren. Immer wieder kamen an den folgenden Wochenenden Helfer aus unterschiedlichen Berufen, um die Bauteile zu streichen, abzubinden, einzupacken

Geschafft! Alle Bauteile der Kapelle sind verladen

und zu verladen. So verging die nächste Zeit sehr schnell und ein Ende der Arbeiten war langsam abzusehen.

RUSSLAND, WIR KOMMEN

DIE VORHUT

Am Samstag, den 9. Oktober 1993, kam der 40-Tonner-Lkw vom Medjugorje Deutschland e.V. mit Walter als Hilfstransportfahrer. Martin organisierte für diesen Tag wieder weitere Helfer zum Verladen der Bauteile. Konrad, mein Schulfreund, hatte sich extra für heute freigenommen. Neben seiner Arbeit war er eigentlich immer im elterlichen Betrieb eingespannt.

Es sollte ein langer Tag werden. Die große schwere Plane des Sattelaufliegers musste komplett abgebaut werden, um die ganzen Einzelteile der Kapelle zu verladen. Der große Stapler sollte die verbündelten Bauteile präzise laden. Wir müssten alle Baumaterialien mit dabeihaben, wie Andreji sagte, mal gäbe es in Russland Material, dann wieder nicht. Von den Fertigfundamenten bis zum Glockenturm wurde alles millimetergenau verladen und mit Spanngurten gesichert. Die Fahrzeugrungen mit den Seitenbrettern wurden wieder aufgebaut, dann die Lkw-Plane montiert und der Lkw war am Ende, genau wie meine Kräfte: einfach fertig!

Nach einem gemeinsamen Feierabendbier und der Verabschiedung der Helfer stieg die Spannung jetzt doch deutlich.

Am Dienstagabend sollten dann Hubert und Roy, ein Journalist, noch mit dem 7,5-Tonner Miet-Lkw kommen, um das Werkzeug, Notstromaggregat, Flutlichtanlage, Gasflaschen, Nägel, Schrauben, Verpflegung sowie eine große Kiste mit kirchlichen Figuren, Rosenkränzen und Kerzen zu laden.

Am Mittwochnachmittag, den 13. Oktober 1993, einem Fatima-Tag, startete die Kolonne mit den beiden Lkw. Hubert fuhr den vereinseigenen Lkw mit Andreji, einem Russlanddeutschen, und Walter und Roy saßen im 7,5-Tonner. Der Journalist Roy sollte die Reise dokumentieren. Vor Freitagmittag bekamen wir, Tiri, Rainer und ich, keinen Urlaub, da wir noch ein Holzbauprojekt für die Firma fertigstellen sollten; das war der Deal.

Am Freitagmittag kam dann die restliche Kirchenbaumannschaft in Ihrlerstein bei der Produktionshalle an: die zwei Zimmerer-Wandergesellen Ernst aus Königstein und Jörg aus Hagen sowie mein Bruder Christian, der die elektrische Installation durchführen sollte.

Ob Hubert und der Vortrupp es schon über die Grenzen geschafft hatten? Wir würden es sehen. Als Treffpunkt war die THW-Station in Brest auf der weißrussischen Seite vereinbart. Hoffentlich gab es keine Probleme an den beiden Grenzen. Ich betrachtete den alten weißen Mercedes-Bus. Dieser sollte also für die nächsten vierzehn Tage mein Zuhause sein, irgendwie surreal.

Im Kofferraum wurde aus einer Dreischichtplatte und sechs Holzfüßen eine Schlafstätte eingerichtet. Unter dem Dreimannbett sollte das Mannschaftsgepäck Platz finden. Da mussten wir wegen Platzmangels so einiges von den Wandergesellen abschauen, um die Zahnbürste und mehr richtig zu verstauen. Ein Kasten Schneider-Weißbier sollte als kleine Notversorgung für alle Fälle auch mit. Mit den großen Zimmererhüten und der schwarzen Zunftkleidung sah es fast so aus, als wären wir sechs Pistoleros auf dem Weg in den Wilden Osten. – Russland, wir kommen!

DER AUFBRUCH

Ich saß am Steuer, neben mir die zwei Wandergesellen und weitere drei „Verrückte", die einfach mal so nach Russland fahren wollten. *Was hast du dir eigentlich dabei gedacht, Bernhard?*, spukte es mir durch den Kopf, als ich den Kilometerzähler betrachtete, der genau mitrechnete, wie viele der circa 3.200 Kilometer einfacher Fahrt noch übrig blieben. Über Hof und Berlin kamen wir zum deutsch-polnischen Grenzübergang nach Frankfurt/Oder. Nach sieben Stunden Fahrt waren wir um 22:00 Uhr an der Grenze angekommen. Damals fuhren noch nicht viele deutsche Speditionen Richtung Russland. Dies sei viel zu gefährlich, so die Meinung eines polnischen Lkw-Fahrers, den wir beim Zollhof trafen. Guten Zuspruch konnten wir immer gebrauchen.

Drei Stunden dauerte es beim dortigen Zoll, um die Stempel im Reisepass zu bekommen; für mich eine halbe Ewigkeit. Später sollte ich in Demut noch lernen, dass 14 Tage im Zollhof auch ertragbar sind.

Endlich sahen wir eine Toilette. 2.000 Zloty forderte die ältere Dame unmissverständlich mit einem kleinen Pappkarton, auf dem der Preis ersichtlich war. Also noch einmal zur Wechselstube zurück und für die Mannschaft Geld wechseln. Der polnische Geldwechsler konnte kein Englisch und Deutsch – und ich kein Polnisch. Aber D-Mark rein in die Schublade, Zloty raus, schnell ging das! Die Toilette bestand aus einer Bretterbude mit kreisrundem Loch – puh! Über Breslau und Warschau kamen wir an die polnisch-weißrussische Grenze. Das erste Problem stand auf einem großen Hinweisschild direkt vor uns, weil Lkw über die Grenze nach links, Autos nach rechts abgefertigt wurden. Doch Hubert sagte, dass wir uns bei der Station des Deutschen Technischen Hilfswerks gleich hinter der Grenze auf weißrussischer Seite wieder treffen würden. Diese Stelle war Anfang der 90er-Jahre speziell für humanitäre Hilfe eingerichtet worden und ein guter Anlaufpunkt.

Überraschend locker ging das Passieren der Grenze vor sich; nur eine kleine Warteschlange von einer Stunde. Passkontrolle, Stempel und das war's. Ein Zollbeamter stoppte uns dann doch noch. Mit seinem schwarz-weiß gestreiften Stöckchen winkte er uns im Zollhof an die rechte Seite. Noch mal alle Papiere raus. Er wurde sichtlich ungeduldig, deutete immer wieder auf den Pass und malte ähnliche Zeichen wie einen Stempel in die Luft. Ich erahnte, dass wir noch ein Formular brauchten. Nach längerem Suchen fand ich im Zollhof einen Lkw-Fahrer, der mir half, diesen Stempel zu bekommen. Runde, wichtig aussehende Stempel in Rot, Blau und Schwarz, das musste ich mir merken. Jetzt ging es ohne Probleme aus dem Zollhof, und der letzte Zollbeamte salutierte „Do svidaniya, Mexikanas", was so viel heißen sollte wie „Auf Wiedersehen, Mexikaner". Unsere großen Hüte waren mal eine Abwechslung für die Zöllner.

IRRFAHRT IN BREST

Ich freute mich schon auf eine Dusche beim THW. Hubert sagte mir, ich solle einfach aus dem Zollhof rausfahren, bis der nächste Kreisverkehr komme, dann die Dritte links, dann sähe ich schon die THW-Station. Es kam erst lange kein Kreisverkehr. Der, der sich dann zeigte, hatte aber nur zwei Abfahrten. Hatten die Weißrussen den Straßenverlauf geändert? Ich wusste damals nicht, dass Hubert den Weg für den Lkw-Übergang beschrieben hatte. Wir hatten ja den Pkw-Übergang nehmen müssen. Umdrehen, noch mal von vorne. Dieses Spielchen machten wir einige Male. Mit jedem Versuch wurde die Stimmung schlechter. Jetzt war es schon dunkel und wir irrten ziellos in Brest, dieser Grenzstadt in Weißrussland, umher. Allein der Fluss Bug gab Orientierung. Jörg sagte: „Halt an, frag' doch die Typen, die an der Straße steh'n."

Ich hielt an und fragte nach dem Weg, soweit meine Sprachkenntnisse ausreichten. Jörg öffnete die hintere Schiebetür zum Rauchen. Plötzlich kam Bewegung in die Gruppe und eine dunkle Gestalt wollte Jörg aus dem Bus zerren. „Fahr' los, fahr' los", schrie er, und ich gab entsetzt Gas. Mit offener Schiebetür konnten wir uns retten. Die Stimmung war am Tiefpunkt. Die Beschwerden wurden gereizter und lauter.

Doch, wie ein altes Sprichwort sagt:

„Not lehrt beten."

Die kleine Uhr auf dem Armaturenbrett zeigte bereits 4:30 Uhr morgens. Seit Stunden irrten wir durch diese Stadt. Ich übergab die ganze Aktion dem heiligen Josef! Selbst Zimmermann, musste er doch wissen, was es hieß, auf der Flucht zu sein.

Der kleinen Meuterei folgte der Schlaf. Nach und nach legte sich die Befürchtung, für immer in weißrussischer Gefangenschaft zu bleiben, und eine besondere Ruhe erfüllte das Fahrzeug.

Asymmetrische Kriegsführung war doch mal ein Thema beim Militärdienst gewesen. *Und noch einmal,* dachte ich, *aber jetzt einfach mal in die andere Richtung; es kann nicht mehr als schiefgehen.* Wir kamen aus der Stadt heraus, und ich sah die blaue Fahne des THW. Weihnachten und Ostern an einem Tag, Gott sei Lob und Dank! Bei den Lkw von Hubert und Walter brannte noch kein Licht, die gönnten sich also noch eine Mütze Schlaf.

Wasti hieß der Schäferhund, wie mir der THW-Mann Toni sagte, der in dieser Nacht Wachdienst hatte. Ungewöhnlich für mich, dass alles immer bewacht und gesichert werden musste. Das erinnerte mich an den Wachdienst beim Militär, zum Glück war das ja vorbei.

HUMANITÄRER STÜTZPUNKT THW

Ich kramte mein Waschzeug aus meinem Rucksack und genehmigte mir erst einmal eine warme Dusche. *Dem THW sei Dank*, dachte ich, als die Anspannung mit jedem Wassertropfen ein Stück weiter von mir abfiel. In den Lkw rührte sich jetzt was. Hubert stieg aus seinem Lkw mit komfortabler Schlafkajüte und sagte: „Ihr seid aber lange unterwegs gewesen."

Dem konnte ich nur zustimmen.

Er erzählte mir, dass sie zweiunddreißig Stunden beim polnischen Zoll und fünfzehn Stunden bei der weißrussischen Grenze verbracht hätten. Da waren unsere Grenzübergänge ja im Vergleich dazu entspannt gewesen. Roy und Walter hatten es in ihrer Kabine nicht so luxuriös. Direkt hinter dem Sitz steigt die Rückwand hoch. Walter war noch in seinem Schlafsack, halb auf dem Sitz liegend und die Füße an der Decke. Roy musste seinen Schlafplatz mit dem Lenkrad teilen. Ich fragte Walter: „Wie kann man denn so schlafen?"

„Das frage ich mich auch", antwortete er.

Der Leiter des Stützpunktes, Gustav Schnittger aus Westfalen, lud uns zu einem frisch aufgebrühten Kaffee in die Mannschaftsstube ein. Er erzählte uns, dass dieser Stützpunkt die privaten Hilfstransporte nach Russland unterstützen sollte. „Viele Hilfstransporte nutzen diese Station, um sich etwas zu erfrischen. 1990 wurde sie von der deutschen Bundesregierung aufgebaut. Da aber in deren Budget diese Station für die nächsten Jahre nicht mehr aufgeführt ist, müssen wir leider demnächst schließen – ein echter Verlust."

Das morgendliche Briefing fand vor Huberts Sattelauflieger statt: Minsk, Gommel, Woronesch, dann weiter auf der M4 nach Rostov, lautete unsere Tagesroute. Und Hubert mahnte: „Immer daran denken: zusammenbleiben! Ich habe keine Lust, euch im Nirgendwo zu suchen." Die zurückkehrenden Konvois aus Russland, die ebenfalls bei dieser THW-Station Rast machten, wurden ausführlich befragt, wo die besten Grenzübergänge und welche Straßen gut zu befahren seien und ob es ausreichend Treibstoff gäbe. Die Dieselbeschaffung sollte sich als das größte Problem von allen herausstellen.

Wir bedankten uns mit einer kleinen Spende für das THW und starteten den neuen Tag mit frischer Zuversicht. In Brest konnten wir alle Fahrzeuge noch einmal volltanken und mit D-Mark bezahlen.

RUSSLAND, WIR KOMMEN

Hinter der weißrussischen Stadt Gomel neigte sich der Tankinhalt. An einer Polizeisperre vor Brijansk fragte Andreji den Polizisten, wo man denn zum Tanken D-Mark in Rubel tauschen könne. Dieser drehte sich um und sagte leise: „Bei mir!“ Wir wechselten also unsere D-Mark in Rubel. Das restliche Wechselgeld akquirierte er, indem er einfach vorbeifahrende Autos an-

Hier sollte es eigentlich ausreichend Diesel geben

hielt und kurzerhand Bußgelder verhängte. Nach zwei bis drei Bußgeldern hatte er unser Wechselgeld beisammen.

Aufgrund seiner Empfehlung, unter Investierung einer Informationsgebühr für ihn selbst, konnten wir an einer nahegelegenen Tankstelle mit gut 1.000 Litern Diesel unsere Fahrzeuge betanken.

Da ich in der vorangegangenen Nacht alle Straßen in Brest besichtigt und nicht geschlafen hatte, legte ich mich auf die Pritsche im hinteren Teil des Busses. Kaum fuhr der Konvoi weiter, dämmerte ich schon in einen unruhigen Schlaf.

Ein abruptes Bremsmanöver ließ mich schlagartig erwachen. Als ich zum Fenster rausschaute, konnte ich ein blaues Schild erkennen: Ein kleiner Tannenbaum neigte sich zur linken Seite und links davon das Symbol eines Hockers. *So*, dachte ich, *ein Rastplatz.* Hubert hielt mit seinem Lkw als Erster an, gefolgt von Walter im 7,5-Tonner und am Schluss unser Bus. Christian öffnete die Doppeltüre des Mercedes, holte aus dem Laderaum unter der Schlafpritsche den 20-Liter-Dieselkanister hervor und tankte auf. Ich kletterte behäbig von der Pritsche, schnappte mir den Gaskocher mit Gasflasche, schüttete etwas Trinkwasser aus einem Kanister in den großen Aluminiumtopf, drehte den Gashahn leicht auf und hielt ein Feuerzeug zum Entzünden des Gases an den Kocher. Whuff, machte es, dann kam eine rotblaue Flamme aus dem Brenner des Kochers. In das drei Finger hohe Wasser legte ich jetzt fünf verschiedene Gerichte, einzeln abgestimmt, für jeden Geschmack etwas dabei. Fünf Blechdosen mit geöffnetem Deckel erwärmten sich langsam.

Angetreten, Essen fertig! Jeder Mann benötigte nur eine Gabel und schnappte sich das, was er mochte. Andreji schüttete das Wasser aus und goss aus dem Kanister frisches Wasser in den Topf. Wir hatten eine große Thermoskanne mit einem Kaffeefilter bestückt und Jörg beförderte eine halbe Packung Bohnenkaffee in den Filter. Mit einem Meterstab maß ich den Kaffeegehalt unter allgemeinem Gelächter. Dann konnte Roy den Kaffee

Fischmarkt in Woronesch

vorsichtig aufgießen. Jeder, der einen Kaffee, in dem der Löffel stehen blieb, wollte, zückte seine Tasse, damit die Lebensgeister wiedererweckt wurden. Einen Herzinfarkt hat übrigens niemand von dieser „Überdosis" bekommen.

Kurz nach dem Scheitern des alten kommunistischen Systems präsentierte sich dieses Land völlig anders, als wir es von Deutschland gewohnt waren. Am auffälligsten waren die riesigen, zum Teil eingestürzten Kolchosen. Aber auch große Fabrikgebäude mit zerschlagenen Fenstern gaben ein düsteres Bild ab. Auf der M4 Richtung Rostov sollte nicht allzu viel Verkehr sein, meinte Andreji, er habe letzte Woche mit seiner Verwandtschaft in Woronesch telefoniert. Wenigstens funktionierten die Verkehrsnachrichten.

„Wo sind wir denn?", fragte ich Hubert.

„Kurz vor Woronesch. Ab jetzt geht es Richtung Süden, das sollten wir heute schaffen."

Ich übernahm wieder das Steuer und war jetzt guter Dinge. Am späten Nachmittag verkündete Rainer, dass es Zeit für einen

Dämmerschoppen wäre. Griffbereit stand unser Kasten Schneider-Weißbier im Gepäckraum. Rainer zauberte aus seinen wenigen Habseligkeiten zwei Weißbiergläser hervor. Mit einem Plopp flog der Kronkorken knapp an meinem Ohr vorbei und das Weißbier fand, trotz schlechter Straßenverhältnisse, unter Applaus der anwesenden Zimmerer den Weg in die Gläser. Es sollte nicht bei dieser einen Flasche bleiben. Zum Glück war ich Fahrer und es gelten in Russland 0,00 Promille.

Die Lage beruhigte sich nach zwei Stunden wieder und den ein oder anderen übermannte ein tiefer Schlaf.

In Kamensk, einer kleinen Stadt vor Rostov am Don, telefonierte Andreji mit dem Ortspfarrer, Pater Jaroslav, damit wir uns am Stadtrand mit ihm treffen konnten. Als Andreji aufgelegt hatte, kam er lächelnd zurück und sagte: „Er glaubt es nicht, dass die Kirche aus Deutschland kommt, er meint, das ist ein Scherz, er sagte immer wieder: ‚Das kann doch nicht sein!'"

DER BAUBEGINN

ANKUNFT IN ROSTOV AM DON

Noch zwölf Kilometer – konnte ich dank guter Schweinwerfer dem Hinweisschild entnehmen –, dann sollten wir in Rostov ankommen. Die kyrillische Schrift wirkte zunächst auf mich, als hätte sich jemand einen Scherz erlaubt und die Buchstaben einfach verdreht. Ob man so etwas überhaupt erlernen kann?

Kurz vor Rostov wird die M4 vierspurig. Da die Straße leicht abschüssig ist, erschien die ganze Stadt vor mir, und ich war von ihrer Größe überrascht. Rostov wird auch „das Tor zum Kaukasus" genannt. Keine 50 Kilometer vom Asowschen Meer entfernt und mit über 1.000.000 Einwohnern ist sie eine der zehn größten Städte Russlands. Am 20. November 1941, bei der Schlacht um Rostov, traf hier das deutsche III. Armeekorps auf die große Gegenoffensive der Roten Armee. Ich dachte, dass diese Kapelle vielleicht auch ein Zeichen der Versöhnung zwischen den Völkern werden könnte.

Von Weitem fiel mir ein weißer Lada, ein typisch russisches Auto, auf, der am Straßenrand stand. Vor ihm ein Mann, ganz in Schwarz, der mit den Armen fuchtelte. Hubert setzte den rechten Blinker und unser Konvoi kam auf dem Seitenstreifen zum Stehen. Tatsächlich, es war ein in einem schwarzen, abgegriffenen

Talar steckender katholischer Priester mit schwarzem Bart und schwarzen Haaren.

Er sprach uns auf Russisch an und Andreji übersetzte: „Herzlich willkommen in Rostov! Ich bin Pater Jaroslav, der Priester für die katholische Pfarrei hier in Rostov.“ Er begrüßte jeden Einzelnen mit Handschlag. Die zwei Wandergesellen Ernst und Jörg winkten schwach aus dem Mercedes-Bus. Pater Jaroslav sagte noch: „Ich konnte es nicht glauben, als Erzbischof Kondrusevic mich am Montag anrief und mir mitteilte, dass die Deutschen mit einer Kirche kämen, ich konnte es einfach nicht glauben. Und nun seid ihr hier. Fahrt mir nach, wir fahren zum Kloster, wir sind gleich dort.“

Seine Zeiteinheit „gleich dort“ war ungefähr so nah an unserer Deutung dazu, wie die Buchstaben der lateinischen Schrift an denen der kyrillischen. Unser Konvoi schlängelte sich durch den Abendverkehr in die Vorstadt von Rostov. Gegen 21:30 Uhr kamen wir am Kloster an.

Pater Jaroslav sperrte die schwere Eisentür zum Grundstück auf. Er rief nach Andrejewitsch, einem älteren Herrn und offensichtlich der Nachtwächter. Er solle die Hunde einsperren. Anscheinend wird hier in Russland immer und alles eingesperrt. Andrejewitsch schnappte sich die beiden Mischlingshunde und brachte diese in einen Zwinger. Der Bus fuhr in den Innenhof, die beiden Lkw blieben abgeschlossen auf der Straße. Eine fahle Straßenlampe beleuchtete die Fahrzeuge, die bereits eine kräftige russische Tarnschicht aus Staub und Ruß angenommen hatten. Dies brächte den Vorteil, so sagte mir Andreji einmal, dass das Kennzeichen von der Polizei nicht festgestellt werden könne. Man solle halt nur schnell genug sein. Ob dieser Tipp auch für Deutschland gilt? Ich denke eher nicht.

Wir wurden freundlich von zwei polnischen Ordensschwestern empfangen; eine von ihnen war die Oberin.

ÜBERNACHTUNG IN DER HAUSKAPELLE

In der spartanisch eingerichteten Küche standen ein Gasherd, eine kleine Küchenzeile und noch ein kleiner Beistelltisch. Im kleinen Esszimmer, einem anliegenden Raum, der außerdem als Wohn- und Schlafzimmer diente, stand ein bereits gedeckter Tisch mit kalten Vorspeisen. Es gab frische Gurken, Tomaten, etwas Käse und Butter. Bei den Getränken konnten wir zwischen Mineralwasser und Tee wählen. Pater Jaroslav sprach das Tischgebet und wünschte uns „Приятного аппетита" – Guten Appetit!

Das Essen war einfach, schmeckte aber sehr lecker, und die Pause vor Woronesch lag doch schon einige Stunden zurück, worin das herzhafte Zugreifen der Zimmermänner begründet war. Die Gesichtsfarbe der Schwester wurde mit jedem Leeren der Teller etwas blasser. Aber es reichte dann letztlich dennoch für alle.

„Reich ist man, wenn es reicht."

Der kleine Zeiger meiner Uhr überschritt jetzt schon deutlich die Ziffer 11 und bewegte sich in die Senkrechte. Wir sollten uns nun in die Seitenlage begeben. Pfarrer Jaroslav teilte die Mannschaft auf Matratzen im Esszimmer und in der Küche auf. Hubert, Andreji, Roy und mir wurden aus Mangel an Angebot Plätze in der kleinen Kapelle zugeteilt. Kaum, dass ich mich im Schlafsack auf dem harten Fußboden ausgestreckt und mir die untergelegte Decke zurechtgezogen hatte, schlief ich schon wie ein Stein.

Die Morgensonne schien mir durch die farbigen Bleikristallfenster direkt ins Gesicht. War ich im Himmel? Eine kurze Drehung in meiner Schlafposition überzeugte mich vom Gegenteil.

Ich nahm langsam wahr, dass ich in einem warmen Schlafsack in einer Klosterkapelle übernachtet hatte. Da ich als Erster wach war, konnte ich das Schnarchkonzert aus der Küche gut hören. Die Morgentoilette fand wieder einmal im Freien statt. Andrejewitsch war auf Posten und begrüßte mich mit einem freundlichen „Доброе утро" – Guten Morgen.

Das Kloster entpuppte sich als ein Wohnhaus mit anliegender Garage. Nur ein Kreuz am Giebel zeugte von einer Kirche oder besser gesagt von der Anwesenheit einer katholischen Gemeinschaft. Die Anfangsjahre der freien Religionsausübung, mit Beginn der Neunzigerjahre, waren durch echte, authentische Glaubenszeugen und von wahrer Aufbruchsstimmung gekennzeichnet. Hier konnten nur überzeugte Christen das Wort Gottes verkünden. *Irgendwie sympathisch*, dachte ich.

Als ich zurück in die Küche kam, waren alle bereits aufgestanden und der Chai, der traditionelle Tee, dampfte schon aus der kleinen Silberkanne, die auf einem Samowar warmgehalten wurde. Der Samowar sah aus wie ein großer Pokal, der mit Wasser gefüllt wird. Dieses wird darin erhitzt und heißgehalten. In der kleinen Silberkanne obendrauf befindet sich ein Konzentrat von Schwarztee, welches verdünnt wird. Schwester Lydia reichte mir die Marmelade. Da ich nicht wusste, was Marmelade mit Tee zu tun hat, nahm sie den Tee, schöpfte einen großen Esslöffel süße Marmelade aus einem Zwei-Liter-Glas in den Tee und zeigte mir dadurch, wie der Tee in Russland getrunken wird.

Ist mal was Neues, dachte ich. Nach dem Frühstück mit russischer Butter und Käse vom Rynok, dem örtlichen Markt, verabschiedeten wir uns von Schwester Lydia und trafen draußen Pater Jaroslav. Er streichelte gerade den kleinen Hund, als er uns kommen sah, und rief uns zu: „Wir müssen zuerst zum Zoll fahren."

Auf dem Weg zum Markt

WARTEN AM ZOLL

Punkt 8:00 Uhr standen alle Fahrzeuge vor dem Hauptzollamt in Rostov. Es sollte eigentlich nur Routine sein. Die Plomben weg, die in Polen angebracht worden waren, kurze Besichtigung der Ladung durch die Zollbeamten und ab auf die Baustelle. So der Plan, halt eben deutsche Denkweise. Aber der Tag verstrich im Warten auf die Entzollung ...

Träge glitt die Zeit dahin, während wir die Menschen auf dem Schwarzmarkt beobachteten. Das Angebot war üppig, allein an der Kaufkraft fehlte es hier hinten und vorne. Andreji sagte mir, dass ein Rentner ungefähr vierzehn D-Mark pro Monat vom Staat bekäme. Das reichte nicht zum Leben und nicht zum Sterben. Viele ältere Menschen standen deshalb hier am Markt und verkauften selbstangebaute Rüben, Kartoffeln, Dill und weitere Kräuter die sie in ihrer „Datscha", einem Selbstversorgergarten am Stadtrand, ernteten.

Die einstmals wunderschöne Kaufmannsstadt hatte in früheren Zeiten mit ihren Villen und Bürgervierteln aus der Zeit des

Spätbarocks und des Jugendstils ihren Reichtum gezeigt. Heute wirkte diese Stadt heruntergekommen. Der Zustand der Straßen entsprach der Armut der Bevölkerung. Schlaglöcher in Badewannen-Format waren keine Seltenheit. Oft fehlten die Kanaldeckel. Man musste aufpassen, nicht von einer auf die andere Sekunde zu verschwinden. Ab und an wurden diese Löcher mit einem kleinen Birkenstrauß gekennzeichnet: welch ein Trost!

Der Tag am Zoll ging ergebnislos vorüber. Da wir frühmorgens einen weiteren Zolltermin hatten, verbrachten wir die Nacht ganz in der Nähe in einer Art Herberge, wobei auch anzunehmen war, dass die Schwestern sich wahrscheinlich kein weiteres Schnarchkonzert von zehn Männern in ihrem Kloster anhören wollten.

Auf einem alten Schrottplatz konnten wir unsere Fahrzeuge für gute 1.000 Rubel, also 1,30 D-Mark, sicher abstellen. Ein Nachtwächter mit einer ganzen Hundemeute würde für die Sicherheit der wertvollen Ladung sorgen.

Im dritten Stock fanden wir eine geräumige Wohnung. Die Schlafsäcke waren schnell ausgerollt. Aber es gab ein großes Problem, für das jedoch kurz vor einem erneuten „Aufstand" der Zimmerer eine Lösung gefunden werden konnte. Das Problem bestand darin, dass das ganze Bier in den 7,5-Tonner-Lkw eingesperrt und verzollt war. Andreji, Roy und ich gingen los, um in einer der kleinen vergitterten Verkaufsbuden ein paar Dosen Bier und Zigaretten zu ergattern. Als wir wieder in der Wohnung waren, entspannte sich die Lage deutlich.

Am nächsten Morgen wurde Pater Jaroslav von Andreji, unserem kasachischen Dolmetscher, begleitet. Und siehe da, innerhalb von zwei Stunden waren alle Papiere erledigt und wir konnten zur Baustelle fahren. Auf der Hinfahrt betankten wir unsere Fahrzeuge noch einmal und versorgten uns auf dem Markt mit Lebensmitteln.

Um 16:30 Uhr traf der Konvoi am Zielort ein, dem Ostrowskij-Park, mitten in der Stadt. Ein wunderschöner Park mit vielen alten Bäumen. Pater Jaroslav hatte im Sommer dieses Jahres eine Baugenehmigung erhalten, allerdings mit der Auflage, bis zum Winter mit dem Bau zu beginnen. Daher kam der Anruf vom Erzbischof wie eine Gnade, ein Geschenk vom Himmel geschickt.

WIR HABEN KEINE KIRCHE

Die Lage und Geschichte von Rostov am Nordrand des Kaukasus bot sich in der Vergangenheit für viele verschiedene Völkergruppen zum Handeln und Arbeiten an, darunter Armenier, Polen, Georgier, Juden, Litauer, Tschechen, Italiener und Deutsche.

Ein großes Handelszentrum wurde von den Italienern gebaut. Während des Ersten Weltkrieges wurde die Universität Warschau nach Rostov evakuiert. In dieser Zeit lebten in Rostov etwa 5.600 Katholiken mit eigenen Kirchen, Schulen und einem Priesterseminar. Stalin ließ 1936 die Polen aus dem Land verbannen. Mit dem Zweiten Weltkrieg wurde dann die Zahl der Katholiken auf 200 dezimiert.

Im Jahre 1952 wurde die letzte katholische Kirche in Rostov gesprengt und dem Erdboden gleichgemacht. Damit erlosch die katholische Pfarrei in Rostov. Wer es wagte, öffentlich für seinen Glauben einzustehen, musste mit Folter und Tod in den sogenannten „Gulags“, den Gefangenenlagern, rechnen. Erst mit der Perestroika Ende der Achtzigerjahre konnten es die letzten verbliebenen Christen wieder wagen, ihren Glauben öffentlich zu bekennen. Dank dieser Glaubenszeugen besuchte Erzbischof Kondrusevic 1992 Rostov am Don zum ersten Mal. Im Gefolge ein Dekan, Pater Jaroslav und drei Klosterschwestern.

Die größte Not bestand darin, dass es kein Haus Gottes gab. Die Heiligen Messen mussten immer wieder in verschiedenen Örtlichkeiten gefeiert werden. Einmal im städtischen Puppen-

Ikone der Gottesmutter von Wladimir, ca. 11. oder 12. Jahrhundert

theater, einmal in einer Bildergalerie. Am Schluss konnte die kleine Pfarrei die Heilige Messe nur noch in einem Kinosaal feiern.

Pater Jaroslav sagte einmal am Abend zu mir: „Ich war voller Hoffnung in diese Stadt gekommen, aber wir hatten und haben keine Kirche! Wir wurden wie kranke Hunde hin und her gescheucht. An einem Abend hatte mich meine Zuversicht fast verlassen. Wir feierten die Heilige Messe nach der Spätvorstellung im Kinosaal II. Nach der Heiligen Messe und der Dankandacht zeigte sich aber plötzlich und immer stärker werdend eine Ikone auf der Leinwand. Es war die Kasanskaja, Gottesmutter von Kasan, heute am Tag der Einheit des Volkes. Ich war tief erschüttert. Es war ein Wunder, alle Gläubigen konnten es sehen!

Ab dem Tag, als der Erzbischof mich angerufen hat und mir mitteilte, dass eine Gruppe aus Deutschland eine Kapelle für Rostov am Don spenden wolle, feierten wir jeden Tag am Abend um 17:00 Uhr die Heilige Messe unter freiem Himmel im Stadtpark, dort, wo die Kirche aufgebaut werden sollte. Ein kleiner Küchentisch, eine Kerze, ein kleines Kreuz und einige treue Christen. Und jetzt seid ihr hier, vielen Dank und Gottes Segen!"

BAUBEGINN AM SPÄTEN NACHMITTAG

Nach der langen Wartezeit waren die Zimmerleute kaum zu bremsen. Die erste Amtshandlung bestand darin, dass die bayerische Fahne an einem großen Baum montiert wurde. Jörg ließ die Laderampe des 7,5-Tonners an der Heckseite aufklappen. Mit Sense, Absperrband und Rechen wurde die zukünftige Baustelle vorbereitet. Ich stach mit Rainer die Bohrlöcher für die Punktfundamente aus. Ein rechter Winkel wurde an der Fluchtebene mit dem Verhältnis 3:4:5 auf dem Boden angetragen. Da von Pater Jaroslav eine genaue Positionsbeschreibung des Standortes nicht vorlag, wurde die Kirche von mir nach Geländelage auf dem Grundstück positioniert. Als ich den ersten Markierungspfahl gesetzt hatte, dachte ich: *So passt die Kapelle am besten rein.*

Jörg und Ernst bauten das Bohrgerät zusammen und begannen mit dem Bohren der Fundamente. Da in einer Tiefe von 50 Zentimetern eine lose Steinschicht auftauchte und das Bohrgerät drohte, die Zimmerer wie einen Kreisel mitzudrehen, mussten sich die Jungs ordentlich reinhängen. Zum Glück waren diese zwei Männer mit einem ausreichenden Lebendgewicht ausgestattet, um die Schlacht für sich zu entscheiden.

Hubert, Walter, Roy und Andreji hatten die Aufgabe, den Lkw abzuplanen, die erforderlichen Bauteile zu entladen und am Abend alles wieder sicher zu verstauen. Christian, Tiri und Rainer bauten die Flutlichtbeleuchtung auf, die über das Notstromaggregat betrieben wurde. In dem scharfen Schatten des Lichtes konnten an diesem Abend noch die achtzehn Fertigfundamentsäulen gesetzt werden, und sie erhielten sogar noch den weißen Farbanstrich.

Feierabend! Nachdem das Werkzeug verstaut war, fuhren wir wieder eine Stunde quer durch die Stadt, immer auf der Hut, nicht in einem Kanalloch zu verschwinden. Die beiden Lkw wurden durch die Nachtwache aus der Gemeinde beschützt.

Die ersten Tätigkeiten an der Baustelle

Der erste Bautag – Montage der Fundamente

BABUSCHKA IRINA MICHAILOWNA

Übernachten durften wir bei der liebevollen Babuschka Irina Michailowna, die eine Zweitwohnung in der Stadt hatte. Hier im zweiten Stock gab es zwei beheizte Schlafzimmer, eine große Küche, Toilette und ein Bad. Das Bad bestand aus einem Waschbecken mit großem Auslaufhahn, der nach rechts geschwenkt in die kleine Badewanne reichte. Die Badewanne war multifunktionell. Sie diente als Waschzuber, Auffangbecken für die von der Decke hängende feuchte Wäsche und zum Baden. Obwohl Letzteres bei einer Länge von 1,60 Meter für uns schon eine Herausforderung sein würde.

Das Wasser kam kochend aus dem Wasserhahn, da der Häuserblock am Beginn der Fernwärmeleitung lag. Mit kaltem Wasser gemischt war es jedoch erträglich.

Babuschka Irina tischte am Abend mit ihrer Tochter Tanja immer groß auf. Die beiden mussten schon am frühen Nachmittag beginnen, damit sie die Menge an verschiedenen Speisen vorbereiten konnten. Es schmeckte jeden Tag herrlich. Wenn jemand wirklich kochen lernen möchte, dann habe ich einen heißen Tipp: Frag' doch einfach unsere Babuschka Irina.

Irina musste neben dem Kochen auch ein Auge auf Tanja werfen: so viele junge Männer und die Tochter jung und hübsch. Am Abend gab es immer typisch russische Küche wie Boeuf Stroganoff, Pelmeni, Borschtschsuppe, Salat Olivier Mors, Hähnchen, Soljanka, Blini und viele weitere traditionelle russische Gerichte.

Da wir meistens bis 20:30 Uhr auf der Baustelle und eine Stunde zum Quartier unterwegs waren, beendeten wir das Abendessen erst gegen 22:30 Uhr. Jetzt noch ein Feierabendbierchen zum Einquartieren – und weit nach Mitternacht füllten sich die beiden Schlafräume mit tiefen und festen Schnarchgeräuschen; der erste Arbeitstag war beendet!

DER AUFBAU

DIE BAUSTELLE WIRD EINGERICHTET

Unbarmherzig und böswillig läutete mein Wecker um 5:15 Uhr. Gefühlt war nur eine Stunde vergangen, seit ich in meinen Schlafsack gekrochen war, um in einen traumlosen Schlaf zu gleiten. Frühstück war für 5:45 Uhr angesetzt; wir wollten ja um 7:00 Uhr auf der Baustelle sein.

Babuschka Irina hatte gestern noch frisches Kastenbrot gekauft. Ein Weißbrot und ein Roggenbrot gab es zur Auswahl. Butter und selbstgemachte Marmelade im praktischen Zwei-Liter-Familienglas rundeten das Angebot ab. So, den letzten Schluck aus der Tasse mit löslichem Kaffee aus unserer Vorratskiste getrunken – und ab ging's auf die Baustelle.

Die einstündige Fahrt nutzten alle für einen Schlafnachtrag, außer dem Fahrer und dem Beifahrer, der seine Argusaugen auf Schlaglöcher und fehlende Kanaldeckel gerichtet hatte. Als Fahrer war ich gerade damit beschäftigt, mich zwischen einem Lada und einem Kamas, einem russischen Lkw, auf den anderen Fahrstreifen durchzuquetschen, um dann vor einer roten Ampel, die von einigen Verkehrsteilnehmern nur als freundliche Handlungsempfehlung verstanden wurde, noch rechtzeitig zu bremsen. Neben mir fuhr allerdings ein älterer Russe mit Zigarette im Mundwinkel und geöffnetem Fenster einfach weiter.

Zack, ging ein schwarz-weiß gestreiftes Stöckchen hoch. Das Erkennungszeichen der Verkehrspolizei – und diese zog ihn für ein dringend benötigtes „Trinkgeld" aus dem Verkehr. Ich dachte: *Bernhard, immer schön an die Regeln halten!* Das gestaltete sich aber unter diesen Umständen oft äußerst schwierig ...

An der Baustelle angekommen, begann ein emsiges Treiben. Hubert und Walter planten den 40-Tonner ab. Keine einfache Aufgabe, da es bereits Nachtfrost gab und die kleinen Wasserpfützen auf dem Dach der Plane gefroren waren. Auftauende kleine Eisfelder und der über 3.500 Kilometer angehäufte Schmutz der Landstraße machten es den beiden nicht gerade leicht, als sie die Plane Stück für Stück, vierzehn laufende Meter, Richtung Fahrerkabine aufrollten. Dies sollte am Morgen und am Abend die Hauptbeschäftigung von Hubert und Walter werden und sich über die gesamte Bauzeit hinweg so abspielen: abplanen, Bauteile freiheben, entladen, aufplanen und am Abend wieder alles verschließen.

Die Borschtschsuppe von gestern Abend, eine kräftige Kohlsuppe mit Kartoffeln und vielen frischen Kräutern wie Dill, Majoran und Petersilie, machte sich zuerst bei Walter bemerkbar. „Die Baustellentoilette, bitte", rief er mir zu. Am Anfang reagierte ich auf sein Verlangen nicht, da ich gerade mit Christian die Bodenbalken entlud. Im selben Augenblick rumorte es in meinen Gedärmen und ich erfasste blitzschnell, was Walter mir sagen wollte.

Keine zwei Minuten später wurde die Priorisierung der Bauabläufe auf diesen Engpass gelegt. Jörg und Ernst suchten einen geeigneten Platz am Ende der Baustelle. Zwei kleine Bäume dienten als stabile Pfosten. Jetzt noch schnell den Donnerbalken montiert: Ein achtzig Zentimeter langer und circa acht Zentimeter dicker entrindeter Ast wurde waagerecht an die beiden Bäume angeschraubt. Ernst machte den Trockenversuch – der Ast hielt. Jörg hob mit dem Spaten in dem sandigen Boden ein fünfzig

Zentimeter tiefes Loch aus. Tiri und Christian brachten die Einzelteile der Außenwände zum Ort der Begierde und Rainer und ich schraubten diese zusammen. Dachplatte noch drauf, festgeschraubt – und fertig. Die letzte Schraube war noch nicht ganz im Holz verschwunden, da kam Walter aus dem Hinterhalt und rief schon von Weitem: „Tür auf, Tür auf und Papier!!!“

Schnell merkten die Zuschauer um die Baustelle herum, dass hier eine saubere Toilette angeboten wurde. Nachdem Rainer die zweite Person freundlich abweisen musste, einigten wir uns kurzentschlossen darauf, dass die Toilette mit einer Schraube verschlossen werden sollte. Zutritt also nur für Männer mit Akkuschrauber!

Bis zum Abend waren alle Bodenhölzer mit den Punktfundamenten mittels langer Schlagdübel verankert. Obenauf befestigten wir eine Bretterlage mit einem Druckluftnagler. Darauf wurde der Holzrahmen für den Fußboden montiert und isoliert. Den Abschluss bildete eine Lage aus beanspruchbaren Holzverbundstoffplatten, die bereits in Deutschland vorbehandelt worden waren.

Der zuschauende Fanclub wurde immer größer. Nach der Schule kamen viele Kinder und sahen es als eine tolle Abwechslung an, wie die seltsam gekleideten Männer mit den großen schwarzen Hüten arbeiteten. Kompressor, Nagelmaschine, Akkuschrauber, Riesennägel – eine Sensation nach der anderen.

MONTAGE DER WÄNDE

Am Folgetag begannen wir erst um 7:15 Uhr, da die Straßen von der Wohnung zur Baustelle an diesem Freitag zwar etwas weniger gefüllt waren, aber dafür gab es drei weitere Wochenendbaustellen. Walter und Hubert entplanten, als eingespieltes Team, den Lkw, die Mannschaft teilte sich mit der Werkzeugausgabe auf. Wir wollten heute die vorgefertigten Wände montieren. Der

Fußboden war ja bereits fertig. Bei der Montage der Teile stieg meine Anspannung, ob die von mir gezeichneten und vorgefertigten Bauteile am Schluss auch wirklich passen würden. Mit einem „Hauruck" wurde das letzte Giebelteil von Rainer und mir per Hand hochgehoben.

Die ersten Wandelemente stehen

Jetzt fehlt nur noch der Dachstuhl

Jörg und Ernst nahmen das Bauteil auf dem Gerüst stehend ab und platzierten es an der richtigen Stelle. Ein schriller Schrei entfuhr dem Wandergesellen. Der Hammer war bei der Montage abgerutscht und traf Jörg am Handrücken. Mit vielen freundlichen Worten warf Jörg den Hammer in die Büsche. Walter war aber schnell zur Stelle und holte einen leichten Verband aus dem Sanitätskoffer, mit dem er Jörgs Hand schützte. Nach dem Motto:

„Wer den Schaden hat,
braucht für den Spott nicht zu sorgen“,

musste sich der Wandergeselle anschließend herzlich-raue kleine Scherze auf seine Kosten gefallen lassen.

SCHUTZ VOR DEM ERSTEN SCHNEE

Ein Tag nach dem anderen verstrich. Jeder hatte sich schon langsam an die Abläufe auf der Baustelle gewöhnt. Mittags brachte uns Andreji das Essen von Irina aus der Stadt mit dem Bus auf die Baustelle. Für den Nachmittagskaffee war Roy zuständig. Hubert fischte ab 15:00 Uhr in der Vorratskiste nach dem verpackten Kuchen, den wir von zu Hause mitgenommen hatten.

Nachdem der Lkw abgeplant war, stand nun die Montage des Dachstuhls an. Zuerst wurde das Sprengwerk in der Mitte der Kapelle errichtet, eine Streben-Konstruktion, die die statische Tragfähigkeit des Firstbalkens erhöhen soll.

An einem Freitagnachmittag vor der Reise war ich beim Abbund, das ist das Zurechtschneiden der Hölzer, noch allein in der Abbund-Halle in Ihrlerstein gewesen. Meine Freunde sollten in zwei Stunden kommen. Ich hoffte aber, dass noch weitere Freunde zusätzlich kommen würden. Da ich meine Schnitzmes-

Verzierung im Tragbalken

ser dabeihatte, zeichnete ich aus meinem alten Zimmermannsbuch in großen Lettern die Buchstaben „Alpha" und „Omega" auf den mächtigen Unterzug der Streben-Konstruktion. Auf die Rückseite kam die Aufschrift „Anno Domini 1993". Nach dem Vorskizzieren hatte ich mir mein Schnitzmesser geschnappt und begonnen, die Schriftzeichen Schnitt für Schnitt in das Holz zu gravieren.

Mit meinen Händen umfasste ich jetzt dieses „Omega" und hob mithilfe von Ernst den Balken auf die Außenwände. Dort wurde dieser fixiert und befestigt. Tiri kam mit der Firstsäule, an der an beiden Enden ein Zapfen ausgearbeitet war, und steckte diesen in das Zapfenloch des Unterzuges. So, jetzt wurden alle Mann benötigt. Der zehn Meter lange Firstbalken, das schwerste und längste Holz der Kapelle, sollte vom Lkw in luftige Höhen gebracht werden. Mit einem Autokran wäre das kein Problem gewesen, aber da wir trotz Nachfrage von Andreji kurzfristig keinen Kran organisieren konnten, mussten notgedrungen wir alle ran.

Hebauf – Montage des Firstbalkens

Acht Mann trugen den Balken vom Lkw auf den Schultern zur Kapelle. Jörg und ich stellten uns unter die Mitte der Firstpfette, so konnten wir eine Art Achse einer Wippe erzeugen. Rainer und Tiri drückten am Ende den Balken zu Boden – und zugleich schnellte die Firstpfette in die Höhe. Ernst und Christian nahmen den Balken am anderen Ende entgegen. Mit lauten „hau ruck, hau ruck, hau ruck"-Rufen wurde dieser 1,5 Tonnen schwere Balken in die Höhe gezogen und mit einem lauten Schmatz fand er seine endgültige Position. Die vor Anstrengung roten Köpfe entwickelten sich nach und nach zu ihrer normalen Farbe zurück.

Babuschka Irina hatte am Morgen gesagt, dass der Wetterbericht Schnee vorausgesagt hätte. Wir spürten es ja selbst, dass sich mit jedem Tag der Spätsommer Stück für Stück verabschiedete, es kamen die ersten Nachtfröste und das Wetter schwenkte deutlich um. Wir mussten daher unbedingt noch das Dach winterfest machen.

Nach der Kaffeepause und einem Stück Kuchen, von Huberts Fang aus der Verpflegungskiste, erforderte es also eine erneute

Kraftanstrengung. Die Dachschalung musste befestigt werden, Blindsparren waren zu montieren, das Dach zu isolieren und eine zweite wasserführende Ebene als Dachschalungsbahn sollte aufzubringen sein. Seit einer Stunde lief wieder das Notstromaggregat, um die Baustelle zu beleuchten, damit wir die Montageriegel für das Trapezblech sicher anschrauben konnten. Jetzt noch schnell das Werkzeug aufräumen, den Lkw verschließen und ab in die Unterkunft. Samstagabend 23:00 Uhr kamen wir an.

DIE RIESENNÄGEL

Als nächste Aufgabe stand die Montage der Sparren auf dem Plan. Andreji sollte die langen Nägel zur Befestigung aus der Materialkiste bringen. Da er eine geraume Zeit nicht wiederkam, sah ich selbst im Werkzeuglager nach. Andreji hob nur die Schultern und sagte: „Ich kann keine finden." Nach gründlicher Durchsicht konnte auch ich die 280 mm langen Nägel nicht finden. Da fiel mir wieder ein, dass ich die Nägel noch neben der Kiste abgelegt und gedacht hatte: *Die darfst du auf keinen Fall vergessen.*

So, und jetzt? Da sich das für Andreji nicht als Problem darstellte, dass irgendwas nicht da war, zog er mit Roy und Hubert los, um Nägel auf dem Markt zu besorgen. Nach einer Stunde kamen sie strahlend wieder und sagten, dass sie erfolgreich gewesen wären. Andreji hatte eine Handvoll zwei Meter lange acht-Millimeter-Eisenstangen. Ich fragte, wo denn die Nägel seien. Er meinte: „Wir zeigten den Nagel auf dem Markt und alle staunten, dass es solch große Nägel in Deutschland gäbe. Ihr längster Nagel war nur neun Zentimeter lang. Ein Mann sagte aber, wir sollten doch bei der hiesigen Baufirma nachfragen, vielleicht gäbe es dort Eisen, die auf die passende Länge zugeschnitten werden könnten."

Mit fünf Flaschen Bier konnten die Eisenstangen bezahlt werden. Hubert kappte die Eisenstangen mit einem Winkelschleifer und spitzte die „Nägel“ mit dem Schleifer zu. So konnte die übrige Mannschaft die Sparren und den Rest des Dachstuhles „heben“, das bedeutet im Zimmermannslatein so viel wie montieren.

Es ist schon erstaunlich, wie die Handwerkstradition in manchen Ausdrucksweisen, der Kleiderordnung, den Fertigungstechniken und Bräuchen mehr als tausend Jahre überdauert hat.

DIE HEBAUFFEIER

Als wir am Abend unser mitgebrachtes heimisches Fünfzig-Liter-Bierfass vorsichtig nach oben in den zweiten Stock transportierten, herrschte allgemeine Vorfreude auf die Hebauffeier. Wie der Name es schon verrät, „heb auf“, also die Balken aufheben und montieren und nach dieser Arbeit ein Fest feiern. Dies findet in der Regel nach der Erstellung des Dachstuhles statt. Genau wie heute auch bei uns.

Rainer hatte dieses Bier als Wegzehrung von einer niederbayerischen Brauerei gestiftet bekommen, samt Messinghahn. Ganz oberbürgermeistermäßig band sich Hubert ein Geschirrtuch um die Hüften, in der linken Hand den Auslaufhahn, in der rechten den schweren Holzklöppel. Die Spannung stieg. Zehn Augenpaare richteten sich auf einen circa dreißig Millimeter dicken, runden Holzstöpsel, der in wenigen Sekunden seinen angestammten Platz für den Messinghahn aufgeben musste. Ab und an finden längere Revierkämpfe um diesen Platz statt, die mit verspritztem Bier einhergehen. Hubert holte jetzt aber mit dem Klöppel kräftig aus, traf beim ersten Mal mitten auf das Messingteil und versenkte den Hahn in dem Holzfass, ohne einen Tropfen des wertvollen Gerstensaftes zu verschwenden.

Unter allgemeiner Zustimmung, Applaus und Zurufen wurde diese gekonnte Aktion beglückwünscht. Die ersten Gläser waren naturgemäß mit schäumendem Bier gefüllt. Nach und nach lief das Getränk dann aber kristallklar und geräuschlos in die vorbereiteten Gläser und erfreute Schluck um Schluck alle Beteiligten.

Dass Zimmerer nicht nur schwer arbeiten können, sondern auch trink- und feierfest sind, sollte sich in den nächsten Stunden bewahrheiten. Da am folgenden Tag, einem Sonntag, ein freier Tag angesagt war, konnte die Party also munter weitergehen. Hubert verabschiedete sich um kurz nach 3:00 Uhr. Auf dem Weg zu seinem Zimmer schlief er schon ein. Wir hatten eine anstrengende Woche hinter uns. Und wie Hubert später sagte, war er diese schwere Arbeit nicht gewohnt.

In der Küche ging es lustig weiter. Es wurde gesungen, Witze erzählt und ausgiebig gelacht. Wir waren alle froh, dass wir die Kapelle jetzt winterdicht hatten. In den Morgenstunden war dann aber auch für die „Nachtschicht" die Feier beendet und ruhiger Schlaf legte sich wie eine Bleiweste über die Kirchenbau-Mannschaft.

EIN ARBEITSFREIER SONNTAG IN RUSSLAND

Die Sonne war schon am Ostfenster vorbeigezogen, als die Mannschaft wie ein träger Koloss aus dem Winterschlaf erwachte. 9:05 Uhr entzifferte ich auf der Küchenuhr. Ein Relikt aus der kommunistischen Kolchosen-Zeit. Geschmacklose hellblaue Punkte verzierten den vergilbten Plastikrahmen.

Diese Wohnung war, wie so viele Plattenbauwohnungen, einfach, aber doch sauber ausgestattet. Ein schmaler Flur führte an der Toilette und dem Bad vorbei zur kleinen Küche. Von dort ging es in das Wohnzimmer, das am Abend, mit dem Ausklappen der Couch, zum Schlafzimmer umfunktioniert wurde. Ich hielt ein Zündholz an den Gasherd und öffnete den Schalter. Gas strömte aus und entzündete sich mit einem leisen Whuff. Das Kaffeewasser kam aus einem Fünf-Liter-Wasserbehälter. Irina sagte, dass das Leitungswasser nicht trinkbar sei. Zuerst einmal aufräumen und Frühstück vorbereiten. Ich schüttelte das fast leere Bierfass, aber ich nahm kein Geräusch war. Der Auslauftest bestätigte mir, dass das Fass ratzeputz leer war, und nur noch ein paar Resttropfen verließen den Messinghahn – Punktlandung.

Nach und nach krochen die Männer aus ihren warmen Schlafsäcken. Am Nachmittag wollte uns Andreji ans Asowsche Meer fahren. Nach dem Frühstück verbrachten wir den Vormittag mit der Ordnung unserer Zunftkleidung. Ernst nahm etwas Flüssigseife aus der Tube und bearbeitete seine Staude. Zahnpasta, Seife, Zahnbürste, Zunftbuch, Standardausrüstung eines Wandergesellen. „Handkochwäsche", sagte er, als er sich seine Finger mit dem heißen Wasser fast verbrühte. Es läutete und wir freuten uns schon auf Babuschka Irina und ihre Tochter Tanja. Bei zwei, drei Zimmerern leuchteten die Augen beim Anblick der Besucher besonders. Ob es an dem festlichen Geschmack des Essens oder an der jungen Dame lag, konnte ich auf die Schnelle nicht herausfinden.

Nach dem Mittagstee waren wir startbereit. Andreji begleitete uns auf der Fahrt zum Meer. Die aufgewühlten Wellen schlugen an die am Strand aus dem Wasser ragenden Klippen. *Ein toller Ausblick,* dachte ich, aber der eiskalte Wind fraß sich förmlich durch den dicken Cordstoff der Zunftkleidung.

Nach einer Stunde hatten wir das Meer ausgiebig erkundet und kletterten frierend in den Bus zurück, um in den Stadtpark zur Baustelle zu fahren: Es galt, heute gemeinsam mit den Pfarrmitgliedern die Heilige Messe zu feiern.

An der Baustelle angekommen, sahen wir gerade, wie Pater Jaroslav in seinem weißen Lada, mit einem Küchentisch auf dem

Pater Jaroslav feiert die Heilige Messe im Freien

Dach, die Parkstraße hochfuhr. Dann stieg er aus und begrüßte uns. Anton, unser Bauhelfer, ein nigerianischer Christ, den es auf abenteuerliche Weise nach Rostov verschlagen hatte, lächelte uns mit seinen weißen Zähnen an, die wie ein Kontrastprogramm zu seiner tiefschwarzen Hautfarbe wirkten. Er hatte den Küchentisch von Pater Jaroslav mit einem groben Strick fachgerecht auf dem Autodach fixiert. Nach Lösen des Knotens trug er den Tisch auf ein kleines Rasenstück neben der Baustelle und bereitete die Heilige Messe vor. Anton holte aus dem Kofferraum eine Tasche mit weißer Altardecke, Kerzen und einem kleinen Kreuz. Schon war der Freiluft-Altar fertig für die Heilige Messe, die hier, mitten im Stadtpark, jeden Tag gefeiert wurde.

Nach und nach trafen noch weitere zwölf Gemeindemitglieder ein und wir feierten gemeinsam ein bewegendes Messopfer. Diese tiefe Gläubigkeit, über Jahrzehnte ohne eigenen Priester, war greifbar zu spüren. Umso mehr blieb dieser Abend in den

Herzen derjenigen, die wenig bis gar nichts mit „Kirche“ am Hut hatten.

Es wurde jetzt deutlich kühler, und als wir wieder im Quartier waren, wurde es diesmal ein kurzer Abend, denn wir waren alle total erschöpft und sollten uns mit ausreichend Schlaf wieder für die kommende Woche erholen. Denn: Montag, 5:30 Uhr: Wecken!

EIN HALBES MENSCHENLEBEN

DER FLIEGENDE TURM

Nach dem Sonntag am Meer ging die Arbeit am Montag wieder mit frischen Kräften voran. Nun stand noch eine knifflige Aufgabe an: Bevor die Dachbedeckung, das silberfarbene Trapezblech, montiert werden konnte, musste zuerst noch der Glockenturm auf den Giebel gesetzt werden. Rainer, Tiri und ich hatten den Glockenturm in der Firma schon fix und fertig zusammengebaut. Die Dacheindeckung bestand aus Lärchenschindeln, die rot-gelb in der Sonne leuchteten. Zwischen den vier weiß gestrichenen Pfosten schwenkte das Glockenjoch mit Kugellagerung, an dem eine vierzig Kilogramm schwere Glocke hing.

Jörg und Ernst bauten den „Galgen“, eine Hilfskonstruktion, die aufgebaut wie ein Dreifuß aussieht. Dazu stießen sie jeweils zwei sechs Meter lange Balken an der Stirnseite aneinander und verbanden diese mit beidseitigen Laschen. So erhielten wir zwei Balken mit einer Länge von je zwölf Metern. Diese Balken wurden am Ende mit einem Strick im rechten Winkel zusammengefügt und am Boden platziert. Ich stand oben am Dachfirst und ließ ein Seil zum „Galgen“ runter.

Alle gemeinsam – der Glockenturm wird montiert

Walter band das Seil fest und gemeinsam richteten wir den provisorischen Kran in die Höhe auf. Von Weitem sah es aus, als ob ein umgedrehtes V vor der Kirche stünde.

Der „Galgen“ wurde an der Dachfläche mit zwei Querstreben fixiert. Trotz einer provisorischen Trittlatte war es für mich nicht leicht, einen sicheren Halt auf dem steilen Dach zu finden. Ich ließ das Seil am Flaschenzug, der an der Spitze angebracht war, in die Tiefe gleiten. Dort wurde das Hebeseil mit einem Ende am Turm befestigt – und am anderen Ende konnte gezogen werden. Jetzt kam der Moment der Wahrheit, ob der „Galgen“ stabil genug war oder eben nicht.

Das Hebeseil war zwar schon älter, hatte aber bisher immer gehalten. *Hoffentlich war das auch nicht das letzte Mal*, dachte ich, als sich das Seil spannte. 350 Kilogramm brachte der Glockenturm auf die Waage. Ernst, Jörg, Tiri und Christian legten sich in das Seil und mit einem gemeinsamen „hau ruck, hau ruck“ glitt der Turm in die Höhe. Trotz des stattlichen Gewichts, das diese vier Männer zusammen auf die Waage brachten, schien es ein ausgeglichenes Spiel zwischen dem Flaschenzug und den Zimmerern zu sein.

Nachdem zwei Höhenmeter geschafft waren, schienen die Kräfte zu schwinden. Die Stoßverbindung drohte ihre Stabilität aufzugeben, denn die Balken bogen sich kräftig. Jetzt noch einmal: „Hau ruck, hau ruck, hau ruck!"

Nach schweißtreibenden zwanzig Minuten war der Turm ganz oben und mit vereinten Kräften wurde dieser auf den First gezogen – geschafft! Ich schnappte mir den Glockenklöppel und schlug diesen drei Mal an die Glocke. Das erste Glockenläuten einer katholischen Kirche seit der Sprengung der letzten Kirche im Jahre 1952: Welch ein bewegender Moment!

Es blieb aber keine Zeit für das Aufwärmen alter Geschichten. Ernst fragte mich, was jetzt anstünde. Das brachte mich zurück ins Jetzt: Neun Männern musste jeweils eine machbare Aufgabe zugeteilt werden. Christian, Andreji, Walter und Hubert waren für die Innenausstattung, Elektrik, Altar, Sockelleisten und viele weitere kleinteilige Arbeiten zuständig. Tiri, Rainer, Jörg, Ernst, Roy und ich montierten das Trapezblech.

Ein kalter Ostwind zog auf und hatte leichten Schneefall im Gepäck. Die Dämmerung breitete sich ganz langsam über der Baustelle aus. Die Kirche war jetzt aber wenigstens vom Dach her wetterdicht. Die restlichen Dacharbeiten vollzogen wir wieder im scharfen Scheinwerferlicht des monoton vor sich hin brummenden Generators. Zum Glück konnten wir am Sonntag auf dem Schwarzmarkt noch einen Zwanzig-Liter-Benzinkanister für das Notstromaggregat kaufen. Einige Rubel und ein paar Dosenbiere als Entscheidungshilfe waren ausreichend.

DAS ENDSPIEL

Als ich am nächsten Morgen um 5:30 Uhr wieder freundlich von meinem Wecker daran erinnert wurde aufzustehen, dachte ich über den bevorstehenden Tag nach. Dies sollte unser letzter Tag hier in

Die Kirchbaumannschaft kurz vor der Einweihung der Kapelle

Rostov sein. Draußen war es noch finster, aber ich konnte im Schein der Straßenlampe erkennen, dass ein leichtes Schneegestöber die schmutzigen Straßen von Rostov in ein weißes Puderzuckerkleid gehüllt hatte. Ein guter halber Tag sollte reichen, die Restarbeiten an der Kirche fertigzustellen. Gestern war die Kirche mit Steinwolle dick isoliert, eine dampfdiffusionsoffene Schalungsbahn angebracht und mit der blauen Holzverkleidung begonnen worden, die die weißen Fensterlaibungen besonders zur Geltung bringt.

Walter und Andreji wollten heute ebenfalls an die Front: nämlich die blau gestrichene Holzschalung an den Stellen nachstreichen, die von der langen Fahrt in Mitleidenschaft gezogen worden waren.

Für den späten Nachmittag, Punkt 17:00 Uhr, war die erste Heilige Messe angesetzt. Pater Jaroslav und die drei Ordensschwestern waren gestern schon ganz aufgeregt gewesen. Vielfältige Vorbereitungen mussten für dieses große Ereignis getroffen werden.

Die Kirchweihe selbst sollte in den nächsten Wochen von Erzbischof Kondrusevic mit Priestern und Ordensleuten aus der ganzen Diözese feierlich vollzogen werden.

Vielleicht dachte der Bischof ja, schauen wir einmal, ob die Deutschen die Kirche wirklich aufbauen, bevor wir hier in der Diözese die „Pferde scheu machen“. Bei diesem Gedanken musste ich schmunzeln. War ja egal, die Kapelle würde heute fertig werden.

DER FANCLUB

Von Weitem sahen wir die beiden Lkw, die die blaue Kapelle wie eine Wagenburg zu bewachen schienen. Als unser Bus hielt, drängelte sich schon eine ganze Schar Kinder, die sich wie Perlen an einer Schnur aufreihten, am Absperrband der Baustelle. Jeder versuchte, den besten Platz in der Reihe zu ergattern.

Es hatte sich herumgesprochen, dass es im Ostrowskij-Park was zu sehen gäbe. Zehn wild arbeitende Männer, die scheinbar keine Pause benötigten. Und welche und wie viele Werkzeuge sie benutzten! Der Druckluftnagler wirkte besonders respekteinflößend auf die Kinder. Plötzlich erschallte hinter mir ein lautes Geschrei. Als ich mich umdrehte, sah ich, wie Jörg und Ernst kleine Heiligenbildchen und Medaillen verteilten, die wir mitgebracht hatten. Im Eifer des Gefechts riss das Absperrband und jedes dieser Kin-

Ernst und die begeisterte Kinderschar

der versuchte, sich ein Stück davon abzureißen und als Trophäe mit nach Hause zu nehmen. Hubert sprang mit einem gewaltigen Satz vom Lkw, und mit großen Schritten lief er den davonstiebenden Kindern hinterher. Als Scherz gedacht, erfüllte es doch die beabsichtigte Wirkung. Also wurde ein neues Absperrband, zur Sicherheit der Kinder und zur Sicherheit der vielen Werkzeuge, die auf der Baustelle herumlagen, angebracht. „Hoffentlich fehlt nicht allzu viel“, dachte ich. Das Montagewerkzeug hatte ich zwar von meiner Firma ausleihen dürfen, aber was bei der Rückfahrt fehlte, würde mir vom Lohn abgezogen werden, so der Seniorchef.

Dieser Vormittag war mit den Restarbeiten für einen Teil der Mannschaft ausgefüllt. Der andere Trupp reinigte die Baustelle, das Werkzeug wurde verladen, die beiden Lkw für die Rückreise vorbereitet und ein Lagerfeuer entzündet, um die Abfallhölzer zu beseitigen. So, alles fertig! Dann fuhren wir zurück zu unserer Unterkunft, zum Mittagessen zu Babuschka Irina. Der leckere Duft von Gegrilltem kam mir beim Öffnen der Eingangstür bereits entgegen.

Heute gab es zur Feier des Tages Schaschlik mit viel rohen Zwiebeln, Kartoffeln und eingeweckten Gurken – einfach herrlich. Zum Abschluss noch einen gesüßten Tee mit Marmelade aus dem Zwei-Liter-Vorratsglas. Den Nachmittag verbrachten wir mit Ausruhen und Ordnen unserer persönlichen Sachen. Die Schlafsäcke wurden eingepackt, um die Wohnung besenrein zu hinterlassen. „Erstaunlich, wie viel Dreck in einer Woche bei zehn Männern anfällt“, dachte ich, als die Kehrschaufel beim zweiten Durchfegen nochmals voll war.

ERSTE HEILIGE MESSE NACH 41 JAHREN

Anton, der Messner, läutete die Glocke. Vor der Kirche versammelten sich circa fünfunddreißig Gläubige. Anton strahlte über das ganze Gesicht, heute musste er nicht mehr den Küchentisch im Park aufbauen; ab heute hatten sie eine eigene Kirche! Überschwänglich läutete die kleine Glocke und erinnerte die Menschen nach 41 Jahren daran, dass Gott nicht tot ist. Der Glaube lebt.

Viele Babuschkas waren mit ihren Enkelkindern gekommen. Bei manchen standen Tränen in den Augen. Pater Jaroslav kam in seinem weißen Lada mit den drei Ordensschwestern zum neuen Kirchenbauplatz. Die Schwestern hatten noch frische Blumen gekauft und huschten an mir vorbei in die Kapelle. Dies kleine Kirchlein war nicht nur ein kleiner blauer Holzbau. Sie war ein Symbol für die freie Glaubensausübung und stummer Zeuge eines lebendigen Christentums.

Während die Glocke läutete, drängte die Gemeinde in die Kapelle. Schwester Lydia stimmte ein Lied an und die Gemeinde sang kräftig mit. Es war wahrlich ein Lobgesang, der während der gesamten Messe immer wieder angestimmt wurde. Inzwischen war es draußen ganz finster geworden. Pater Jaroslav entzündete feierlich die Osterkerze, als Symbol der Auferstehung unseres Herrn Jesus Christus. Bei dieser Messfeier waren wir jetzt ein Teil der katholischen Pfarrei Rostov am Don. Die symbolische Bedeutung, nach Jahrzenten der Glaubensunterdrückung den Gottesdienst wieder in ihrer eigenen Kirche feiern zu können, konnte nicht hoch genug eingeschätzt werden. Die Gläubigen feierten wahrhaft ihren Glauben, dies konnte man spüren.

Nach dem Segen von Pater Jaroslav und einem russischen Schlusslied kam jetzt noch mein Einsatz. Die Pfarrgemeinde versammelte sich vor der Kirche im Freien. Ich stellte mich auf die erste Eingangsstufe der Kapelle und zog meinen großen Zimmermannshut. Meine Hände schwitzten etwas. Mit einem traditionellen Richtspruch sollte die weltliche Feier beginnen. So intonierte ich mit kräftiger Stimme den Richtspruch an die wartende Gemeinde:

„Mit Gunst und Verlaub!

Schwach ist der Mensch, doch wagten wir zu bauen
für Dich, Unendlicher, ein irdisch Haus.
Oh möchtest Du in Gnaden niederschauen
auf alle, die da wandeln ein und aus!

Sie kommen her mit Liebe und Vertrauen,
da sie wie Kinder auf Dich, Vater, bauen.
Dein Auge hat ja gütig über uns gewacht,
bis wir den Bau ohn' Unfall hier zustand' gebracht.

Bernhard beim Richtspruch

Und wenn nun bald in diesen Gottesräumen
Dein heilig Wort, das Gotteswort, ertönt,
das uns entrückt den eitlen Erdenträumen
und uns mit Dir, dem höchsten Geist, versöhnt.

Bewahre den Säugling bei dem Glockenklange,
den zarte Liebe zu dem Taufstein bringt.
Sei mit der Jugend, die beim ersten Gange
Dir froh sich weihend Dankespsalmen singt.

Bewahre das Brautpaar, das in Sehnsuchtsdrange
das Band der Treu' in diesen Räumen schlingt,
und tröste alle, die in diesem Leben
nach Trost verlangend sich zu Dir erheben.

Denn die nach allem Guten, allem Schönen,
sich nach dem Vorbild Deines Sohnes sehnen,
den niederen Teil im Menschenherzen zwingen
und stets in Wort und Werk nach Güte ringen,
die nimmst Du, Vater, weg aus diesem Leben,
um ihnen dort ein schöneres zu geben.

Dann nimm, wenn sie beendet ihres Lebens Lauf,
wir bitten Dich, oh Ewiger, auch alle zu Dir auf,
die dieses Gotteshaus erdacht, erbaut, vollendet!
Mit diesem frommen Wunsche sei mein Spruch beendet!"

DAS GLAUBENSZEUGNIS

Mit einem dreifach kräftigen „Hoch, hoch, hoch“ war der Richtspruch beendet. Für die russische Gemeinde musste dies wie eine Folkloreeinlage gewirkt haben. Aber anscheinend waren sie begeistert, und das drückte sich in einem kräftigen Applaus aus.

Wir sprachen anschließend noch mit einigen Gemeindemitgliedern, wozu Andreji beiden Seiten dolmetschte. Mit einem schmutzigen Taschentuch wischte sich eine ältere Frau die Tränen aus den Augen. Sie sprach mich an und Andreji übersetzte: „So viele lange Jahre haben wir für die Kirche gebetet, wir hatten all diese Jahrzehnte keinen eigenen Pfarrer. Früher ist alle zwei bis drei Jahre einmal ein Priester gekommen. Die Heilige Messe musste unter Todesangst bei verdunkelten Fenstern spät in der Nacht gehalten werden. Wenn die Kommunisten uns erwischt hätten, wären wir alle in den ‚Gulag‘ gekommen. Gott segne euch!“

Andreji sagte mir, dass er in diesen Tagen öfter mit dieser Babuschka gesprochen habe. Sie zeigte ihm das selbstgeschriebene Gebetbuch. Die Gebete wurden von einer zur anderen Generation handschriftlich überliefert. Da kein Priester vor Ort gewesen war, hatte sie halt die Kinder getauft und die Gläubigen bei der Beerdigung unterstützt. Nur die Heilige Messe wollte und konnte sie nicht feiern, das war für sie klar: „Da müssen wir warten, bis der Pfarrer kommt.“

Ein eisiger Wind kündete weiteren Schneefall an. Da es jetzt schon Nacht war, machten wir uns ein letztes Mal auf den Weg zu unserem Quartier in der Innenstadt. Aufgrund der Tatsache, dass wir morgen zeitig in der Früh loswollten, beschränkte sich die abendliche Runde auf ein Minimum. Ein Feierabendbier gönnte ich mir, dann rollte ich noch einmal meinen Schlafsack aus und schlief gefühlt schon beim Schließen des Reißverschlusses ein.

DER PROPHETISCHE TRAUM

ABSCHIED VON RUSSLAND

Die Hunde des Nachtwächters meldeten sich als Erstes, als wir zum großen Eisentor des Parkplatzes kamen. Es dauerte einige Minuten, bis sich das Tor mit einem lauten Quietschen öffnete. Wir hatten am Abend zuvor die Lkw wieder auf unseren bewachten Parkplatz gebracht. Sicher ist sicher! Denn letzte Nacht war die Nachtwache im Stadtpark anscheinend nicht mehr so aufmerksam gewesen: Als wir am Morgen ankamen, waren die Rücklichter des Sattelzuges abgerissen.

So hatte uns Andreji vorher noch auf dem Markt zwei Rücklichter eines russischen „Kamas“ Lkw besorgt, die er jetzt in einer Tragetasche bei sich hatte. Während wir unsere Habseligkeiten in den Fahrzeugen verstauten, schraubte Andreji die beiden Rücklichter an. Bremsprobe – funktionierte! „Tja“, sagte Andreji, „entweder es geht einfach oder es geht gar nicht“, und grinste über das ganze Gesicht.

Tiri kratzte den angefrorenen Schnee vom Mercedes-Bus. Hubert tat sich da etwas schwerer, denn trotz seiner Größe war das Führerhaus einfach zu hoch. Walter bastelte sich kurzerhand einen Teleskopkratzer, indem er mit Panzerkrepp den Eisschaber mit einem alten Besenstiel verband.

Das funktioniere auch, sagte er. *Jetzt wird es aber Zeit, loszufahren,* dachte ich, *bevor die Improvisationen noch ungezügelte Ausmaße annehmen.* Mit einem Dosenbier und Handgeld bezahlten wir die nächtliche Dienstleistung und verabschiedeten uns.

Pater Jaroslav begleitete uns in seinem weißen Lada bis zur Stadtgrenze hinaus. An der Auffahrt zur M4 hielt der Pater an. Er verabschiedete sich noch einmal herzlich von jedem Einzelnen. „Mit Gottes Segen werden wir uns sicher noch einmal sehen", sagte er zu mir. Jahre später sollten sich seine Worte als prophetisch erweisen, als ich ihn bei einem Kirchenaufbau in Toljatti in Zentralrussland wiedertraf. Dies konnte ich mir aber zum Zeitpunkt der Verabschiedung nicht ansatzweise vorstellen.

DIE RÜCKREISE

Leichtes Schneetreiben stellte sich ein. Die Straßen wurden bei minus fünf Grad sehr glatt. Wie der russische Wetterbericht richtigerweise vorausgesagt hatte, zog eine Kaltfront mit Schnee und Eis vom Osten heran. Kilometer um Kilometer entfernten wir uns aus dem Witterungsbereich des Asowschen Meeres. Dies verstärkte

Der Winter ist im Anmarsch

eher noch das eisige Wetter. Da Hubert jetzt im Stallschlepper kein Gewicht mehr auf der Hinterachse hatte, verlangten diese Straßenverhältnisse ihm am meisten ab. Der Konvoi kam langsam, aber stetig voran. Die restliche Strecke in Russland verlief unspektakulär.

Immer Richtung Norden der M4 folgend bis Woronesch. Wir machten keine Pause, abgesehen von einem Tankstopp, der für mancherlei Geschäfte nötig und dringlich war. Nach dem Tanken legte ich unsere einzige Musikkassette in das Radio und zur Abwechslung kam – mal wieder – Bon Jovi, gefühlt das tausendste Mal hintereinander. Ansonsten war kein Radioempfang möglich. Erst in Polen klappte es wieder, einen Sender mit dem Autoradio zu empfangen.

Die Anstrengung der letzten sieben Kirchenaufbautage war der Mannschaft deutlich anzumerken. Der ganze Trupp schlief und döste vor sich hin. In Woronesch verließen wir die M4 und fuhren dann weiter über Briansk und Gommel nach Brest. An der russisch/weißrussischen Grenze gab es keine Probleme, da unsere Lkw leer waren und wir die Werkzeuge auf der Hinfahrt ordnungsgemäß verzollt hatten. Zusammen mit den Reisepässen schob ich den Zöllnern die abgestempelten Papiere durch den kleinen Schlitz unter der Glasscheibe. Einer von ihnen schaute mich desinteressiert an, dann wieder die Papiere, hob schwerfällig seinen rechten Arm mit dem großen Stempel und schlug diesen stoisch abwechselnd auf das Stempelkissen und die Pässe. Auf zur nächsten Station, dem heiß ersehnten Rastplatz des Technischen Hilfswerkes in Brest. Dort kamen wir mitten in der Nacht an und verbrachten, bis zur Öffnung des Terminals, die restliche Nacht in den Fahrzeugen.

Der neue Tag, der 1. November, war Allerheiligen. Es versprach ein kalter, aber klarer Tag zu werden. Die meisten der Mannschaft waren froh, heute Abend wieder in Deutschland zu sein. Ich freute mich auch, aber eine gewisse Wehmut schwang mit, als ich an diese aufregende Woche zurückdachte: Da waren die vielen Kinder, die sicher später einmal in der neuen Kapel-

Am Zoll – Ausreise aus Russland

le getauft, zur Ersten Heiligen Kommunion geführt und gefirmt werden würden. Die stattfindenden Hochzeiten, aber auch die Trauerfeiern – dies alles würde die neu erbaute Kapelle erleben.

In starker Erinnerung ist mir noch die Gottesmutterstatue, eine alte Holzfigur, deren Hände abgeschlagen waren. Pater Jaroslav erklärte mir, dass diese Statue aus der Kirche stamme, die 1952 gesprengt wurde. Es war alles Schutt und Asche, bis auf die Statue, die blieb bis auf die abgetrennten Hände gut erhalten. Vielleicht symbolisierte dies ja, dass Maria unsere Hände braucht um aufzubauen, um Frieden zu stiften und um zu heilen, anstatt zu verderben. Auch deshalb sollte sie einen besonderen Platz in der neuen Kapelle bekommen. Das Licht der Osterkerze schien das Gesicht besonders zu beleuchten.

DISNEYLAND IN ROSTOV

Es ist doch erstaunlich, wie der Himmel über Ländergrenzen hinweg verschiedene Wege zusammenführt, damit ganz unterschiedlichen Menschen so ein Werk gelingen kann. Trotz all der vielen Hürden und Hindernisse.

Dazu fällt mir spontan der Bauunternehmer ein, der an einem Tag zur Baustelle im Stadtpark gekommen war. In Begleitung der Polizei fuchtelte er mit Plänen und war erbost, dass wir, soviel verstand ich, uns auf seinem Bauplatz zu schaffen machten. Ich sah mir die Pläne genauer an und erkannte, dass der Unternehmer in diesen schönen Park so eine Art russisches Disneyland bauen wollte. Um den Sachverhalt aufzuklären, musste Hubert mit Pater Jaroslav, Andreji und dem Bauunternehmer zur Stadtverwaltung. Bis dahin bliebe die Baustelle geschlossen, sagte Letzterer zu mir. Als sich die Aufregung gelegt hatte und der Trupp außer Sichtweite war, nahmen wir unsere Arbeit wieder auf, da wir dem Mann gegenüber ja nicht weisungsgebunden waren. Nach drei Stunden kamen Hubert, Andreji und Pater Jaroslav freudestrahlend zurück und berichteten, dass die Stadtverwaltung dieses Grundstück tatsächlich zweimal ordnungsgemäß verkauft habe. Pater Jaroslav hatte die Baugenehmigung nur unter der Bedingung bekommen, noch im gleichen Jahr mit dem Bau zu beginnen. Da es aber dann schon Anfang Oktober wurde und keine Aussicht auf eine Bautätigkeit zu erkennen war, wurde der Bauplatz kurzerhand ein zweites Mal verkauft. Pech für den Bauunternehmer:

„Wer zuerst kommt, mahlt zuerst."

Punkt 6:00 Uhr wurde die THW-Station aufgesperrt. Der Schäferhund erkannte uns noch von der vorigen Woche und wedelte freundlich mit seinem buschigen Schwanz. Nachdem die ganze Mannschaft das Angebot einer warmen sauberen Dusche nicht ausschlagen konnte, genossen wir unseren Kaffee, frisch zubereitet vom Stützpunktleiter Gustav.

Ein altes Sprichwort sagt:

„Nach Hause laufen die Pferde von alleine.“

Ich konnte gerade den letzten Schluck aus meiner Tasse trinken, da war der Rest der Mannschaft bereits wieder in den Fahrzeugen. Mit einem kleinen Hupkonzert verließen wir die Hilfsstation und kamen von Brest aus, ohne weitere Probleme durch den Zoll, nach Polen.

DER PROPHETISCHE TAGTRAUM

Am späten Vormittag, wir waren gerade an Warschau vorbeigefahren, schlief der ganze Trupp wieder. Die nahende Heimat ließ die Anspannung dieses Abenteuers abklingen. Die hintere Schlafpritsche war mit Jörg, Ernst und Rainer voll belegt. Christian und Tiri schliefen im Sitzen. Ich stellte die Musik von Bon Jovi etwas lauter und genoss, als Letzter im Konvoi, das gemächliche Dahinfahren auf der ausgebauten Landstraße. Die Sonne schien warm durch die Seitenscheibe und Bildfetzen tauchten, wie ein Nachspann eines tollen Abenteuerfilms, vor meinem inneren Auge auf. Einzelne Szenen der vergangenen Woche blitzten auf und verblassten wieder, während sich die nächste Bildeinstellung des Erlebten in den Vordergrund drängte.

Ein großes Schlagloch ließ den Bus für einen Augenblick die Grenzen der Stoßdämpfer testen. Aber bis auf ein Gegrummel aus den hinteren Reihen waren keine weiteren verdächtigen Geräusche zu hören.

Der kleine und der große Zeiger der runden Uhr im Armaturenbrett schienen sich um die 12 zu streiten. Der große Zeiger, der unaufhaltsam seine Runden zog, gewann das Rennen. Die Sonne begann an diesem klaren Novembertag ihren Scheitelpunkt zu überschreiten, der gleichsam andeutete, dass sich ein weiteres Jahr schon langsam dem Ende zu neigte.

1. November, Allerheiligen, ich konnte mich nicht erinnern, diesen Tag mal nicht in meinem Heimatdorf verbracht zu haben. Als Ministrant war es für mich selbstverständlich gewesen, an diesem Feiertag morgens in der Heiligen Messe zu ministrieren. Ab 14:00 Uhr begann dann in der Pfarrkirche das Rosenkranzgebet, das wir als Ministranten am Hochaltar kniend mitbeteten. Dieser Festtag, Gedenken an alle verstorbenen Heiligen, war damals ein Hochfest. Für die ehemals romanische Kirche St. Leonhard, erbaut im Jahre 1184, reichten die Ursprünge der Pfarreigründung bis in die urkundlich bezeugte Gründung von 1031 zurück, als die Kirche noch dem heiligen Georg geweiht war. Im Jahre 1711 wurden Teile der Kirche bei einem Brand zerstört und später im barocken Stil wieder aufgebaut. So sagte es jedenfalls der Messner, der Halbritter Luggi, wie wir, die Ministranten, ihn nannten. Aufopferungsvoll hatte sich unser Messner immer für uns eingesetzt. Nach der Kirche durften wir oft den Glockenturm besteigen und er erzählte uns aus der 1.000-jährigen Geschichte der Kirche, die uns damals nur bedingt interessierte, aber trotzdem spannend war.

Bei den Festtagen mussten immer alle Ministranten antreten. In der Hochphase waren wir 77 Ministranten, alle mit jugendlichem Blödsinn im Kopf. Bei den Ministranten-Proben ging es immer recht rustikal zu. Der Halbritter Luggi verteilte damals saftige „Kopfnüsse", ein Frisieren der Haare mit dem Durchziehen der Fingerknöchel einer geballten Faust. Autsch, das hatte immer gezogen.

Ich musste bei diesen Gedanken schmunzeln, dass ich mich an so etwas noch erinnern konnte. Unser Konvoi fuhr an einem großen Friedhof in einem Außenbezirk von Warschau vorbei. Die

Nachmittagssonne beleuchtete die grellbunt geschmückten Gräber. Im Vergleich zu meinem Heimatfriedhof wirkten die grellen Kunststoffblumen kitschig. Aber wie heißt doch der Spruch:

„Vergleichen ist der Tod."

Es fand gerade die traditionelle Gräbersegnung statt, so, wie ich es auch von meinem Heimatdorf her kenne. Ich sah den Pfarrer mit den Ministranten, und kräftige Weihrauchwolken stiegen in den Himmel. Als ehemaliger Ministrant konnte ich förmlich den Weihrauchduft riechen und den Duft des Orients einatmen.

Es traf mich plötzlich und unerwartet. Ein kräftiges Bild stieg vor meinem geistigen Auge auf. Ich war wach, fuhr ganz ruhig dem Konvoi hinterher, aber dieses Bild unterschied sich klar und kräftig von einem Tagtraum. Während ich in den fünften Gang hochschaltete, sah ich eine große Halle. Ich schätzte diese Halle auf ca. 1.000 m^2 Grundfläche, riesig und leer. Es schien, dass diese Lagerhalle, oder was immer es sein sollte, neu errichtet worden war.

Das entnahm ich dem Umstand, dass ich jetzt von außen auf das Gebäude blickte und erkannte, dass der Ziegelbau noch unverputzt war. Nächste Einstellung: Die leere Halle veränderte sich. Nun war reges Treiben erkennbar. Ein gelber Stapler schichtete irgendwelche Fertigbauteile Teil für Teil bis unter die Decke. Eine ganze Armada von Leuten wuselte geradezu herum, in einer Eintracht, die beeindruckend war.

Weitere Einstellung: Anscheinend im Vorhof eines Vierkanthofes standen einige Lkw in einer Reihe, alle mit denselben Aufklebern versehen, die ich aber nicht erkennen konnte. Es schien, als hätten sie eine gewaltige große Aufgabe vor sich. Unwirklich wirkte auf mich, als ich in meiner Wahrnehmung immer mehr

Der prophetische Traum

spürte, dass sich ein unsichtbares Band vieler Generationen und Opfer für dieses große Projekt über Ländergrenzen hinweg spannen wollte. Da dachte ich: „Das wäre doch genau das Richtige, nur noch Kirchen für Russland zu bauen, da wäre ich sofort dabei – ein Traum!"

DIE REALITÄT

Stopp! Die roten Bremslichter des 7,5-Tonners vor mir holten mich aus der gerade wahrgenommenen Vision abrupt zurück. Ups, das war noch einmal gut gegangen. Sogleich schossen die Gegengedanken in meinen Kopf: *Spinnst du? Wer würde eine so große Halle für so ein irrwitziges Projekt zur Verfügung stellen? Wer soll denn das alles bezahlen? Bernhard, vergiss es!!! Es war eine einmalige Aktion, toll, aber das war es. Spinner, was fällt dir eigentlich ein? – So ist es halt mit deinen Gedanken,* dachte ich. Man sollte immer aufpassen, wo diese hinwandern, und um die Gnade bitten, den richtigen vom falschen Weg unterscheiden zu können.

Weiter kam ich mit meiner geistig-philosophischen Auslegung nicht, da wir gerade die polnisch-deutsche Grenze passierten. Der deutsche Bundesadler grüßte uns scheinbar freundlich, als wir über die Oderbrücke fuhren. Die deutschen Autobahnen fühlten sich an, als würden wir mit unseren Lkw auf Watte schweben. Als wir dann die Landesgrenze zu Bayern überquerten, konnten wir sicher sein, dass uns jetzt wirklich wieder jeder verstand, den wir ansprachen. Eine neue Erfahrung.

Nach diesem Abenteuer konnte ich mich noch einmal in Ruhe ausschlafen, um am nächsten Tag wieder regulär meine Arbeit anzutreten. Ein neues Fertighaus sollte gebaut werden, und mein Urlaub war für dieses Jahr bereits aufgebraucht. „Bernhard, die Planken sollen gehobelt werden, den Plan musst du diese Woche noch fertigstellen, wir sind zeitlich hinterher … auf, auf!“, hörte ich den Chef mir zurufen. „Ja, ja, ich hab‘s verstanden!“

Montag, 6:30 Uhr, Ihrlerstein, Holzbaubetrieb Brückl, ich war wieder in der Realität angekommen. War es wirklich nur ein Traum gewesen? Diese Frage ging im allgemeinen Geschäftsbetrieb wie ein Stein unter, der langsam im schlammigen Watt versank.

DIE TRAUMFRAU

POST AUS RUSSLAND

Wir kamen sonntags von unserem großen Abenteuer aus Russland zurück. Da der Jahresurlaub wie ein Schneemann in der Wüste abgeschmolzen war, musste ich also notgedrungen gleich montags wieder meinen Dienst bei der Arbeit antreten. Die Tage wurden kürzer, es war noch finster, als ich das Haus verließ, und schon finster, als ich wieder nach Hause kam. Nieselregen vermischte sich mit einzelnen Schneeflocken, während ich aus der Produktionshalle sah. Es war 17:30 Uhr, die Lichter der Halle leuchteten grell, endlich Feierabend.

Zu Hause angekommen, sah ich einen Brief hinter dem Radio in der Küche. Auf dem Umschlag stand mein Name, rechts oben russische Briefmarken, die den halben Umschlag bedeckten. Kaum zu Hause und schon Post aus Russland. Ich öffnete den Brief und las die Dankesworte von Pater Jaroslav:

„Für alle Mitglieder der Medjugorje-Gemeinschaft,

es fehlen mir die Worte, wie ich erklären kann, wie sehr ich begeistert und glücklich bin. Viele Menschen hier in Rostov können nicht verstehen, wie wichtig es ist, einen eigenen Ort für das Gebet zu haben. Wir waren an vielen anderen Orten, wie Zigeuner oder Juden in der Wüste. Für viele von uns war es normal, dass wir keine

Hilfe zu erwarten hatten. Aber jetzt, wo wir eine Kapelle haben, sind wir im Paradies, im gelobten Land. Es war eine Überraschung von der Mutter aus Medjugorje und von euren Herzen. Besonders danken muss ich Hubert, Roy, Andreas, Christian, Arnold und all den anderen, die mitgeholfen haben, dieses Werk zu vollenden. Es war ein Wunderwerk.

Gott segne Sie,
Ihr Pfarrer Jaroslav Waniewski,
stellvertretend für die Abendmahlsgemeinde in Rostov"

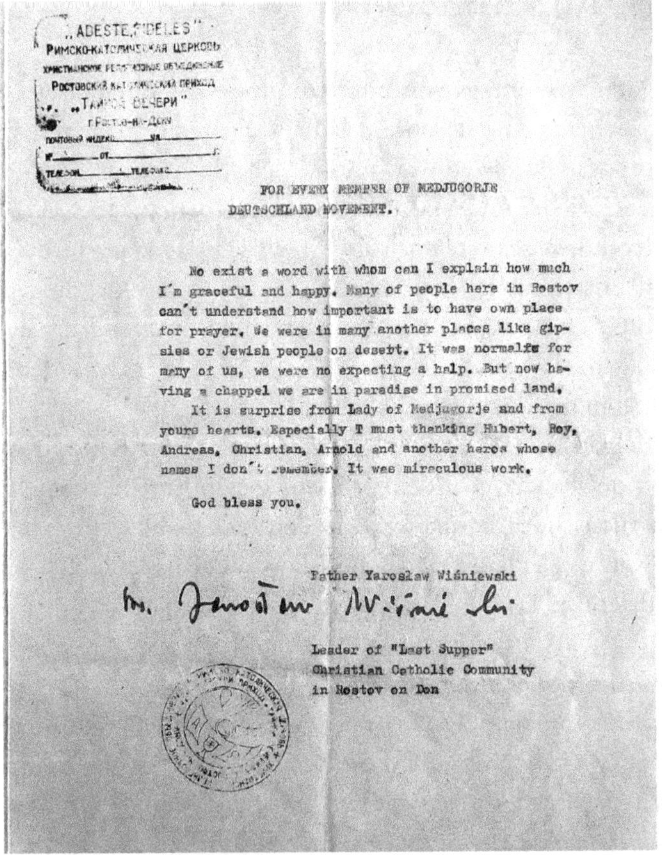

„ADESTE FIDELES"
Римско-католическая церковь
Христианское религиозное объединение
Ростовский католический приход
„Тайной Вечери"
г. Ростов-на-Дону
Почтовый индекс ______ ул. ______
№ ______ от ______ г.
Телефон ______ Телефакс ______

FOR EVENY MEMPER OF MEDJUGORJE
DEUTSCHLAND MOVEMENT.

No exist a word with whom can I explain how much I'm graceful and happy. Many of people here in Rostov can't understand how important is to have own place for prayer. We were in many another places like gipsies or Jewish people on desert. It was normal for many of us, we were no expecting a help. But now having a chappel we are in paradise in promised land.

It is surprise from Lady of Medjugorje and from yours hearts. Especially I must thanking Hubert, Roy, Andreas, Christian, Arnold and another heros whose names I don't remember. It was miraculous work.

God bless you.

Father Yarosław Wiśniewski

Leader of "Last Supper"
Christian Catholic Community
in Rostov on Don

Dankschreiben von Pater Jaroslav aus Rostov

Da der Brief in Englisch verfasst war, musste ich bei zwei, drei Vokabeln im Wörterbuch nachschlagen. Ich war sehr berührt, dass wir der Gemeinde wirklich hatten helfen können.

Der Alltag mit seinen quälend langen Arbeitstagen und den viel zu kurzen Wochenenden pendelte sich in bemerkenswerter Schnelligkeit wieder ein. In dieser Zeit wurde mein Bett nur für den notwendigsten Schlaf genutzt. Mittwochabend war immer der Gebetskreis in Mindelstetten. Donnerstagabend fuhren wir nach Beilngries zum „Extra“, einer Disco am Ortsrand, die das Wochenende einläutete. Mit meinen Schulfreunden Rudi und Konrad wechselte ich mich jeweils mit dem Fahrdienst ab. Wir hatten schon mit 16 Jahren einen Tanzkurs in Elsendorf belegt, der uns jetzt bei der Fox-Runde in der Disco zugutekam. Viele Jungs trauten sich nicht oder konnten nicht richtig tanzen. Für uns aber war es die beste, leichteste und interessanteste Möglichkeit, Mädchen kennenzulernen.

Am Eingang wurden wir von einem Türsteher genau gemustert und nach einem Stempel auf den Handrücken eingelassen. Der Vergleich hinkt etwas, aber dies erinnerte mich irgendwie an unseren Tierarzt, der nach der Fleischbeschau die zerlegten Fleischhälften abstempelte. Irgendwie, wie auch in Russland, Hauptsache abgestempelt. Apropos Stempel: Ich wollte mir ja auch einen großen farbigen Stempel zulegen.

UNGELÖSTE FRAGEN

Müssen Türsteher immer unfreundlich schauen? Und was wäre, wenn der Türsteher sitzen würde? Müsste er dann nicht Türhocker heißen? Diese Fragen warfen weitere auf: *Muss ein Schäferhund immer ein Schäferhund sein? Oder kann ein Hund vom Schäfer auch ein Border Collie sein? Dann wäre der Border Collie ja auch ein Schäferhund, trotz der unbestrittenen Tatsache, dass er ja eigentlich kein Schäfer-*

hund ist. Im Umkehrschluss wäre ein Schäferhund nicht zwangsweise ein Hund vom Schäfer, der Schäferhund könnte ja auch einem Bäcker gehören. Was ich immer auch schon wissen wollte: …

Zu weiteren lustigen Gedankenspielen, die wohl die wenigsten Leute anstellen, kam es nicht mehr, da wir die Warteschlange jetzt erfolgreich passiert hatten und uns erwartungsvoll ins Getümmel schmeißen konnten. Satter Bass dröhnte aus den Boxen und erfüllte den Raum mit Discosound der Neunzigerjahre. Meine Augen mussten sich erst an die Dunkelheit, die schummrige Beleuchtung und die farbigen Laserstrahlen gewöhnen, die an der Decke, wie wild gewordene Wespen, hin und her schwirrten.

EIN LICHTBLICK

Konrad, Rudi und ich teilten uns auf. Die ersten zwanzig Minuten waren fest eingeplant, um sich einen Überblick über die Gesamtlage der potenziellen Tanzpartnerinnen zu verschaffen. Bei der Bundeswehr war dafür das Aufklärungsbataillon zuständig gewesen. Hier übernahmen wir den Job und nahmen die anwesenden Mädels genauer unter die Lupe.

In der Disco trafen wir immer wieder eine Menge Bekannte, da wir in dieser Zeit viel unterwegs waren. Freitags war neben der Jugendvesper der „Posthalter" angesagt, eine Disco in Pförring, die den deutlichen Vorteil hatte, dass man danach zu Fuß nach Hause gehen konnte. Samstags stand dann der „Treffer" auf dem Programm, ein Tanzlokal in Aschbuch. Dort gab es immer Livemusik und jede Menge Möglichkeiten, Damen zum Tanz aufzufordern. Sonntagabend war bei mir der Akku schon auf Reserve, aber ab und zu ging es dann doch nach Neustadt ins „P1".

Ich unterhielt mich gerade mit ein paar Jungs aus dem Nachbarort, als ich hörte, wie eine Fox-Runde eingeläutet wurde. Ja, damals wurden auch in der Disco zwei bis drei Tanzrunden gespielt.

Die ersten Takte von Jürgen Drews „Ein Bett im Kornfeld" erklangen, und jetzt musste ich schnell sein. War das nicht die hübsche Brünette, die ich vor drei bis vier Monaten beim Tanzen in Aschbuch getroffen hatte? Wir hatten zusammen eine Runde getanzt. Sie konnte wirklich gut tanzen und wir hatten uns angeregt unterhalten. Ich konnte mich noch schwach erinnern, dass ich sie mit den europäischen Jugendtreffen in Paris, Breslau, Budapest und London vollgelabert hatte, an denen Konrad, Rudi und ich immer über Silvester teilnahmen. Vor lauter Aufregung hatte ich sie die ganze Zeit vollgequatscht, bis die nächste Tanzrunde kam.

Nun aber war ich nicht schnell genug. Von hinten kam ein Tänzer und klopfte ihr auf die Schulter, um sie aufzufordern. Sie drehte sich mit einem Lächeln um, das mir schien, als würde ein gigantisches Feuerwerk direkt vor meinen Augen explodieren. Und weg war sie. Die Szene musste von außen betrachtet einer ziemlich schlechten Performance geglichen haben. Bei einem bekannten Volkslied würde es jetzt heißen:

„Ein Männlein steht im Walde ganz
still und stumm
und schaut aus seiner Wäsche doch
ziemlich dumm."

So oder so ähnlich, ich kann mir die alten Lieder oder Märchen einfach nicht richtig merken.

Erneuter Versuch: Geschätzte fünf Meter waren das. Ich musste die Tanzfläche überqueren, rechts an dem Typen mit Schnauzer vorbei, um den Bistrotisch herum und die Gruppe von vier Konkurrenten sprengen, um an diese Frau zu gelangen. Soweit der Plan. Viel Zeit nachzudenken blieb sowieso nicht, da sich jetzt auch weitere Tanzbewerber in dieselbe Richtung in Bewegung setzten. Da ich ja selbst Musik machte und viele Lieder schon an den ersten Takten erkannte, hatte ich heute die Poleposition. Diese Ge-

Katharina

danken schossen mir durch den Kopf, als ich bereits die Tanzfläche förmlich überflog. Mit einem hauchdünnen Vorsprung konnte ich meine Frage als Erster platzieren: „Hast du Lust zu tanzen?“

DIE ADRESSE

Ich freute mich auf diese Tanzrunde, aber ehrlich gesagt war es ein Desaster. Ich dachte, sie erinnere sich an mich vom Tanzen in Aschbuch – Fehlanzeige!! Ich dachte: *Hättest du nicht so viel gequatscht und besser nach ihrem Namen gefragt.* Obendrein hatte ich nicht die richtigen Schuhe zum Tanzen an. Lederboots mit Kreppsohle sind super warm und bequem, aber nur suboptimal zum Tanzen. Zu allem Überfluss tanzten wir auf einer Stelle, bei der Weißbier auf dem Boden verschüttet und eingetrocknet war. Dieser Boden hatte eine Haftkraft, bei der namhafte Klebemittelhersteller vor Neid erblasst wären.

Die letzten Takte unseres Tanzes waren verklungen, als die erlösende Discomusik anhob. Mist, ich brauchte unbedingt ihren Namen. Ich begleitete die fremde Schönheit noch bis zu ihrem Platz und traute mich dann doch unter Aufbringung aller sprachlich verbliebenen Restkräfte, sie zu fragen, ob ich ihre Adresse haben könne. Sie schaute mich aus diesem bezaubernden Gesicht an und sagte: „Wieso brauchst du meine Adresse?"

Ja, gute Frage, dachte ich, Was sollte ich sagen? Dass ich am Sonntagnachmittag drei bis fünf Mal an ihrem Elternhaus vorbeifahren würde, um sie vielleicht zu sehen, und wenn sie dann tatsächlich ganz zufällig aus dem Haus käme, ich einfach Gas geben würde, um zu verschwinden? – *Bernhard, das darfst du jetzt nicht vergeigen,* hörte ich meine innere Stimme. Spontan fiel mir nichts Besseres ein als zu antworten: „Ich möchte dir gerne einen Weihnachtsbrief schreiben, dazu brauch' ich aber deine Adresse." – *Ein blöderer Satz fällt dir nicht ein,* dachte ich*, das war's dann wohl.*

Nach kurzem Zögern meinte ich, ein leichtes Blitzen in ihren tollen Augen zu erkennen, und hörte, wie sie zu mir sagte: „Hast du was zu schreiben?"

Erstaunt und verwundert, dass der Bescheid positiv ausgefallen war, schnappte ich mir bei der gerade vorbeikommenden Bedienung einen Stift und den Notizblock. Ich las, als sie begann ihre Adresse aufzuschreiben, den Vornamen Katharina. Sie lächelte mich noch einmal an und schwups, war sie wieder in der Menge verschwunden.

Ein erster Etappensieg. Sorgfältig faltete ich die Adresse zusammen und verstaute diese in meiner Geldbörse. Konrad und Rudi traf ich am Ausgang; es war ja schon kurz nach 1:30 Uhr. In ein paar Stunden musste ich wieder früh raus. Ich hatte die Adresse, heute war definitiv ein guter Tag!

DER BRIEF

Sonntagnachmittag, es war Ruhe im Haus eingekehrt. Ich saß an meinem Schreibtisch im ersten Stock und beobachtete, wie die Schneeflocken lautlos auf den Boden glitten und die Landschaft in einen weißen Mantel hüllten. Den großen Pappeln des angrenzenden Auwaldes wurde ein weißer Überzug spendiert. Ein leeres Blatt Papier lag vor mir und schien mich förmlich anzuschreien: „Dann schreib halt was drauf, worauf wartest du?“

Ja, worauf wartete ich eigentlich? Ich hatte den Füller von der Meisterschule rausgekramt, der im hintersten Eck meiner Schublade seine letzte Ruhestatt suchen wollte. Typisch, jetzt war auch noch die Tinte des Füllers eingetrocknet. *In der Schultasche sollte ja noch eine Packung sein*, dachte ich, als ich im Zwischenfach meiner Ledertasche nachschaute. Tatsächlich, zwei Patronen waren noch da. So, der Füller war nun einsatzbereit und los ging‘s.

Rechts oben: Datum. Das sah schon mal gut aus. Welche Anrede sollte ich denn verwenden? Der erste Versuch startete mit: Hallo Katharina, der zweite mit: Liebe Katharina, der dritte: Hallo, der vierte: Herzallerliebste, der fünfte: Hey, wie geht's? Es folgten noch einige Varianten. Nach acht zerknitterten Blättern mit acht verschiedenen Anreden entschied ich mich für: Liebe Katharina, ...

Geschafft. Draußen wurde es schon langsam dunkel. In zwei Wochen war Weihnachten. So, und jetzt sollte noch was anderes aufs Blatt Papier als eine einfache Anrede. Wodurch inspiriert fällt denn Buchautoren nur immer was ein? Ich las gerne und viel, aber selbst etwas zu schreiben war eine andere Hausnummer. Mathe, Physik, Chemie waren für mich in der Schule logisch, aber Pronomen oder waren es Tachionen, egal. Verb, Substantiv oder ist der Dativ der Tod des Genitivs? Ich stellte fest: Auch wenn ich lange genug auf dieses Blatt Papier starrte, war trotzdem kein einziger Buchstabe darauf zu erkennen.

Mut zur Lücke, dachte ich und schrieb einfach los, wie es mir in den Sinn kam. Minuten um Minuten verstrichen und ich schrieb einfach alles in den Brief, was mich bewegte. Auffallend flüssig sprudelten die Wörter nun aus dem Füllfederhalter. Zum Schluss unterzeichnete ich mit: dein Bernhard. Jetzt war ich doch überrascht, dass fünf Seiten zusammengekommen waren. Den Brief schnell zusammengefaltet, rein in den Umschlag, mit der Zunge den Klebestreifen befeuchtet und zuletzt noch eine 90-Pfennig-Briefmarke drauf; fertig!

Handschriftliche Briefe beinhalten immer die unangenehme Möglichkeit, dass sich Rechtschreibfehler einschleichen. Später würde es einmal Schreibprogramme mit automatischer Rechtschreiberkennung geben, die aber bis heute noch keinen handschriftlichen Brief ersetzen. Ich zog meine Jacke und feste Schuhe an und machte mich auf den Weg in den Markt, um den Brief in den Postkasten zu werfen.

Der Einwurf-Schlitz klappte noch einmal nach, als würde er zu mir sagen: „So, jetzt ist er weg, jetzt gibt es kein Entkommen mehr."

WARTEN AUF ANTWORT

Inzwischen war es schon fünf Tage her, dass Katharina den Brief bekommen haben sollte. Am Wochenende sah ich sie nur kurz von der Ferne, irgendwie entwischte sie mir immer. Hatte ich mich so lächerlich gemacht? Ich wusste es nicht. In drei Tagen war Weihnachten. So einfach gab ich nicht auf. Für diese Frau lohnte es sich zu kämpfen. Nicht, um sie als Trophäe zu haben, sondern, weil es sich nach meiner Einschätzung/inneren Stimme lohnte, für sie alles zu geben; im bestmöglichen Falle bis an die Grenzen der Erde und des eigenen Lebens. Seit ich das erste Mal bei einer Jugendwallfahrt 1989 in Medjugorje dabei war, betete ich regelmäßig für eine gute Ehefrau. Das wusste keiner, ich wollte mich ja nicht lächerlich machen. Vielleicht war es ja genau diese eine? Wenn ich es nicht versuchte, bekäme ich mein ganzes Leben lang keine Antwort. „Hätte, hätte, Fahrradkette" kommt für einen Zimmermann nicht in die Tüte. Selbst die Möglichkeit eines „Nein“ nahm ich in Kauf, aber diese Möglichkeit sollte mein Engagement nicht schmälern.

Einen Versuch gab ich mir noch. Vor mir lag ein Buch mit dem Titel: „Du bist der Stern in meiner Nudelsuppe“, ein Klassiker mit kreativen Ideen, um auf sich aufmerksam zu machen. Man könnte auch sagen:

„Wer nicht wirbt, der stirbt.“

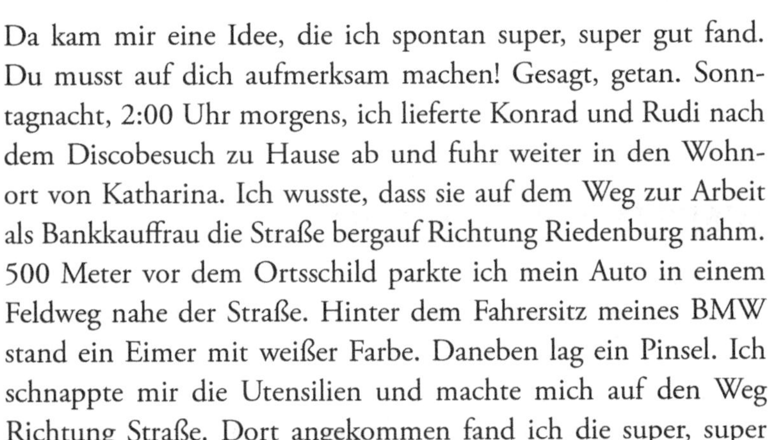

Da kam mir eine Idee, die ich spontan super, super gut fand. Du musst auf dich aufmerksam machen! Gesagt, getan. Sonntagnacht, 2:00 Uhr morgens, ich lieferte Konrad und Rudi nach dem Discobesuch zu Hause ab und fuhr weiter in den Wohnort von Katharina. Ich wusste, dass sie auf dem Weg zur Arbeit als Bankkauffrau die Straße bergauf Richtung Riedenburg nahm. 500 Meter vor dem Ortsschild parkte ich mein Auto in einem Feldweg nahe der Straße. Hinter dem Fahrersitz meines BMW stand ein Eimer mit weißer Farbe. Daneben lag ein Pinsel. Ich schnappte mir die Utensilien und machte mich auf den Weg Richtung Straße. Dort angekommen fand ich die super, super Idee gar nicht mehr super, sondern eher ziemlich bescheuert. Die Finger froren mir fast am Pinsel fest.

Sollte ich umdrehen? Was, wenn mich einer sah? Trotz massiver Bedenken der Ratio oblag es dem Herzen, den notwendigen Mut aufzubringen und mit einem großen „K“ zu beginnen. Ich tauchte den Pinsel wieder in die Kalkfarbe, es sollte ja bei einem eventuellen Auffliegen der Aktion wieder leicht zu entfernen sein, und machte mit dem „A“ weiter. Aus der Ferne hörte ich ein Auto. Mist, schnell weg. Ich versteckte mich hinter meinem Auto. Die Bremslichter leuchteten auf, aber das Auto fuhr weiter. Puh, jetzt aber schnell noch ein Herz an den Schriftzug KATHARINA und ab durch die Mitte. Am nächsten Tag musste ich dann die Fußmatte meines Autos lange mit warmem Wasser behandeln, um die Kalkfarbe des verschütteten Farbeimers auszuwaschen.

Eigentlich musste Katharina diese Botschaft sehen. Unmissverständlich war das Signal auf der Straße und im Brief. Doch leider keine Reaktion, kein Anruf, kein Brief. Musste ich mich jetzt mit einer Niederlage zufriedengeben? Ich entschied auf unentschieden. Das Spiel war erst aus, wenn es aus war!

Am zweiten Weihnachtsfeiertag war wieder Tanz beim „Treffer“ in Aschbuch. Der Laden brummte. Schon um 19:00 Uhr waren alle Plätze belegt ... Ein Freund von uns wartete bereits, er hatte einen der begehrten Sitzplätze in einer Nische an der Tanzfläche für uns reserviert. Neben uns saßen die Jungs und Mädels von Kösching, die ich von der Jugendarbeit im BDKJ (Bund Deutscher Katholischer Jugend) her gut kannte.

Dann traf es mich wie ein Blitz. Katharina war mit einer Gruppe von Jungs angekommen. Ich musste mit ihr sprechen. Nach dem dritten Versuch schaffte ich es, rechtzeitig an die begehrte Tänzerin zu kommen, mit der Bitte um diesen Tanz. Da ich sehr aufgeregt war, brachte ich keinen zusammenhängenden Satz heraus. „Heute so schweigsam?“, fragte Katharina und lachte. „Vielen Dank übrigens für den Brief, ich hab‘ ihn an Weihnachten der ganzen Familie vorgelesen. Ist ja extra draufgestanden: Erst an Weihnachten öffnen, vielen Dank für das tolle Weihnachtsgeschenk!“ Jetzt wurde ich rot, echt wie peinlich, ich kannte die Familie doch gar nicht. Katharina war nicht, wie befürchtet, sauer, sondern eher positiv überrascht. Wir tanzten dann an diesem Abend jede Runde miteinander und es wurde noch ein langer romantischer Abend.

Die Aktion mit dem Schriftzug klärte sich an diesem Abend auch. Sie habe das Kunstwerk am Morgen einfach nicht gesehen, da bei ihrem Opel Corsa die Windschutzscheibe noch zum Teil mit Eis bedeckt war. „... und übrigens war es Montag morgens“, sagte sie lächelnd zu mir. Tatsächlich wurde lange gerätselt, wem der Schriftzug zuzurechnen sei. In den nahen Ortschaften gab es einige potenzielle Katharinas, die für solch einen Quatsch infrage kämen. Bis zu diesem Zeitpunkt konnte die Spur aber noch nicht zurückverfolgt werden. Als ich ihr die Geschichte dann ganz erzählte, dass das Urheberrecht für dieses Kunstwerk bei meiner Wenigkeit läge, gab sie mir den ersten aufregenden Kuss.

Dies sollte der erste Schritt bis ans Ende der Welt und noch einen Schritt weiter sein.

DREI BEDINGUNGEN

DIE ABRECHNUNG

Ende Januar hatte ich die letzten Rechnungen der noch offenen Posten für die Kapelle zusammengestellt. Die größeren Rechnungsposten wie Holz, Fassadenplatten, Isolierung, Dacheindeckung, Fenster, Türen und Farbe wurden direkt vom Verein Medjugorje Deutschland e.V. beglichen. Die Kleinteile aber wie Nägel, Schrauben, Dübel sollte ich erst einreichen, wenn dafür alle Rechnungen und die Massenermittlung vorlagen. Diese Arbeit hatte ich am Wochenende zuvor abgeschlossen. Ein Hammer, ein Druckluftschlauch, zwei Meterstäbe und eine Schlagschnur waren in Russland verschollen. Dafür musste ich Ersatz besorgen. Und wie immer hatte der Seniorchef sein Versprechen gehalten und dies direkt von meinem Lohn abgezogen.

Ich wollte die Abrechnung mit Hubert besprechen und hatte mit ihm einen Termin in Beuren vereinbart. Zum Glück konnte ich an jenem Mittwoch schon mittags Feierabend machen, da sich bei mir in den Wochen zuvor einige Überstunden angesammelt hatten. Man weiß ja nie, was ansteht. Eine Dusche wäre nicht schlecht, da ich den ganzen Vormittag große Leimholzbinder abgebunden und geschliffen hatte. Dieser Holzstaub kroch in die kleinste Falte, da war mit ein bisschen

Abblasen nicht viel auszurichten. Nach dem Mittagessen brach ich mit meinem BMW nach Beuren bei Pfaffenhofen an der Roth auf. Nur zwei Kilometer südlich liegt der Wallfahrtsort Marienfried, an dem wir im letzten Jahr die Maße für die Kapelle von Rostov am Don ermittelt hatten. Über die Bundesstraße B300 und die Autobahn A8 München – Stuttgart benötigte ich exakt zwei Stunden. An einer Raststätte genehmigte ich mir noch einen kleinen Espresso nach dem Betanken meines Autos.

So einfach kann es sein, dachte ich, *man fährt an die Tankstelle, nimmt den Zapfhahn raus und schon geht's los.* Was wollen Sie, Benzin, Superbenzin, Diesel, Superdiesel, E10, E15, E16, ... mit Vanillegeschmack oder mit Schokoduft? Ich merkte, dass ich wieder übertrieb. Aber nach den Erfahrungen in Russland kam es mir nicht selbstverständlich vor, dass es immer und alles in überreichem Angebot gab. Der Espresso schmeckte übrigens bescheiden, mir wäre ein Chai mit Marmelade aus dem Zwei-Liter-Familienglas von Babuschka Irina jetzt lieber gewesen.

Pünktlich um 16:00 Uhr kam ich in Beuren an. Ich stieg aus dem Auto aus und traf auf einen jungen Mann, der sich mit „Gerhard" vorstellte. Auf meine Frage, welche Aufgabe er denn hier habe, antwortete er nur: „Mädchen für alles." – „Na dann viel Spaß", sagte ich, „und lass dir ein paar Zöpfe wachsen, dass du auch wirklich als Mädchen durchgehst." Gerhard verstand das Späßchen und konterte mit einem Satz in lupenreinem Schwäbisch: „Gscheiter mr denkt alles, was mr sagt, als mr sagt alles, was mr denkt" und grinste noch breiter als ich zuvor. *Na ja, Bernhard, wer austeilt, muss auch einstecken können.* Gerhard sollte später einmal eine unserer wichtigsten Schlüsselpositionen bei den Vorbereitungen für die großen Fahrten innehaben. Dies konnte ich aber zu diesem Zeitpunkt noch nicht ahnen.

Ich klopfte an Huberts Bürotür und er bat mich herein. Maria brachte uns einen Kaffee und ein leckeres Gebäck. In Huberts Büro stapelten sich Berge von Anfragen, Hilfegesuchen und Papieren zu Reisevorbereitungen, wie er mir sagte. Dieses Büro war gegründet worden, um die Bus- und Flug-Wallfahrten von Deutschland nach Medjugorje in Bosnien-Herzegowina zu organisieren.

„Momentan sind fünf Personen fest angestellt", erklärte mir Hubert. „Dieses Haus war früher eine Dorfwirtschaft mit großem Schankraum, Küche und einigen Zimmern, genau die richtige Größe für die Aufgabe", meinte er. „Lass uns doch zur Abrechnung kommen, Bernhard."

Ich hatte die Abrechnungsliste zweimal kopiert und wir gingen Punkt für Punkt durch. Hubert sagte am Ende zu mir, dass er die Rechnung anweisen und das Geld in zwei Tagen auf meinem Konto sein werde. Wir sprachen noch eine ganze Stunde von den Vorkommnissen in Russland. Von der grandiosen Hebauffeier, der würdevollen Einweihungsfeier, dem detektivischen Suchen nach Diesel und der anstrengenden Arbeit auf der Baustelle. Hubert meinte abschließend: „Bernhard, als ich zu Hause war, war ich fix und fertig. Ich war die schwere körperliche Arbeit nicht gewohnt. Alles tat mir weh. Vom kleinen Zeh bis in die Haarspitzen. Da dachte ich mir, nie wieder Russland – nie wieder!"

Für mich war es ebenfalls anstrengend gewesen, aber im Gegensatz zu Hubert konnte ich mir einen weiteren Einsatz durchaus vorstellen. Ich hatte den Tagtraum vom 1. November auf der Rückfahrt von Russland noch deutlich vor Augen, mit der großen Halle, den vielen Helfern und diesen großen Sattelschleppern, um Kirchen für Russland zu bauen. Aber Hubert hatte es ja deutlich gesagt, dass der Kirchenbau für Russland nicht seine Aufgabe sei.

Als ich mich dann verabschiedete, drehte ich mich noch einmal um: „Also wenn du es dir einmal anders überlegst, ich bin gerne bereit, weitere Kirchen für Russland zu bauen. Dafür wäre ich auch bereit, meine sichere Meisterstelle aufzugeben, wenn es denn ein seriöses Angebot wäre."

Hubert wurde etwas weiß um die Nase und stockte einen Augenblick. „Wir werden sehen", sagte er unverbindlich, und wir verabschiedeten uns.

Auf der Heimfahrt konnte ich mir keinen Reim auf Huberts letzte Aussage machen. War ja egal, zum Gebetskreis wurde es jetzt knapp, daher gab ich Gas und kam nach exakt weiteren zwei Stunden pünktlich in Mindelstetten an. – Wortwörtlich Punktlandung!

POST VOM ERZBISCHOF

Einige Wochen vor meinem Gespräch zur Abrechnung in Beuren hatte Hubert Post vom Erzbischof von Moskau, Tadäus Kondrusevic, erhalten. Hubert las sich den Brief durch – und hatte ihn gleich noch einmal lesen müssen:

Sehr geehrter Herr Liebherr,
liebe Mitarbeiter von Medjugorje Deutschland,

mit großem Interesse habe ich den Bau der Holzkapelle in Rostov am Don verfolgt, die ihr mit bewundernswertem Einsatz in nur wenigen Tagen erstellt habt. Ich danke euch für eure spontane Hilfsbereitschaft, denn seit zwei Jahren versuchen wir vergeblich, dort eine Kirche zu errichten. Die Gläubigen waren schon sehr entmutigt, doch dies hat sich jetzt mit einem Schlag geändert; durch euer musterhaftes Beispiel.

Aus ganzem Herzen möchte ich mich bei euch, auch im Namen aller Gläubigen Rostovs, bedanken. Habt ihr doch sogar eure Ferientage für dieses Liebeswerk geopfert.

Als Bischof einer der größten und ärmsten Diözesen der Welt hoffe ich natürlich, dass es nicht bei dieser einen Kapelle von Rostov am

Don bleiben wird. Bereits sind über 40 katholische Pfarreien registriert, und ich habe kaum eine Kirche. Ich möchte alle ermuntern, dieses Projekt fortzusetzen.

Möge Sie, geschätzter Herr Liebherr, und alle Ihre Mitarbeiter die Gottesmutter belohnen für euren selbstlosen Einsatz für die Gläubigen Russlands. Für euer weiteres segensreiches Wirken spende ich euch von Herzen meinen bischöflichen Segen.

In Christi

Erzbischof Thadäus Kondrusevic

Apostolischer Administrator des europäischen Teiles von Russland

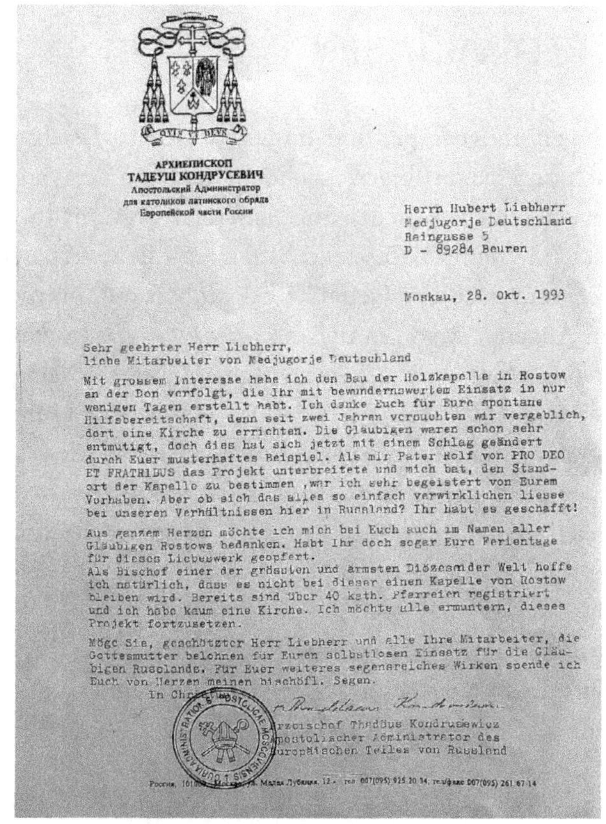

АРХИЕПИСКОП
ТАДЕУШ КОНДРУСЕВИЧ
Апостольский Администратор
для католиков латинского обряда
Европейской части России

Herrn Hubert Liebherr
Medjugorje Deutschland
Raingasse 5
D - 89284 Beuren

Moskau, 28. Okt. 1993

Sehr geehrter Herr Liebherr,
liebe Mitarbeiter von Medjugorje Deutschland

Mit grossem Interesse habe ich den Bau der Holzkapelle in Rostow an der Don verfolgt, die Ihr mit bewundernswertem Einsatz in nur wenigen Tagen erstellt habt. Ich danke Euch für Eure spontane Hilfsbereitschaft, denn seit zwei Jahren versuchten wir vergeblich, dort eine Kirche zu errichten. Die Gläubigen waren schon sehr entmutigt, doch dies hat sich jetzt mit einem Schlag geändert durch Euer musterhaftes Beispiel. Als mir Pater Rolf von PRO DEO ET FRATRIBUS das Projekt unterbreitete und mich bat, den Standort der Kapelle zu bestimmen ,war ich sehr begeistert von Eurem Vorhaben. Aber ob sich das alles so einfach verwirklichen liesse bei unseren Verhältnissen hier in Russland? Ihr habt es geschafft!

Aus ganzem Herzen möchte ich mich bei Euch auch im Namen aller Gläubigen Rostows bedanken. Habt Ihr doch sogar Eure Ferientage für dieses Liebeswerk geopfert.
Als Bischof einer der grössten und ärmsten Diözesen der Welt hoffe ich natürlich, dass es nicht bei dieser einen Kapelle von Rostow bleiben wird. Bereits sind über 40 kath. Pfarreien registriert und ich habe kaum eine Kirche. Ich möchte alle ermuntern, dieses Projekt fortzusetzen.

Möge Sie, geschätzter Herr Liebherr und alle Ihre Mitarbeiter, die Gottesmutter belohnen für Euren selbstlosen Einsatz für die Gläubigen Russlands. Für Euer weiteres segensreiches Wirken spende ich Euch von Herzen meinen bischöfl. Segen.

In Christo

Erzbischof Thadäus Kondrusiewicz
Apostolischer Administrator des
Europäischen Teiles von Russland

Россия, 101000 Москва, ул. Малая Лубянка, 12 · тел. 007(095) 925 20 34; тел/факс 007(095) 261 67 14

Post vom Erzbischof aus Moskau

„Ich möchte alle ermuntern, dieses Projekt fortzusetzen" … Hubert meinte, nicht richtig verstanden zu haben. Aber beim zweiten Durchlesen wurde er richtig sauer: „Das hat man davon, erst gibst du ihnen den kleinen Finger und dann wollen sie die ganze Hand." Verärgert hatte er den Brief in den letzten Winkel seines Büros geschleudert. „Wie stellt sich der Erzbischof das eigentlich vor? Ich habe keine Halle, keine Leute, die das machen, und kein Geld. Dabei hat mich die letzte Reise schon so gefordert, nein, nicht mit mir. Nie wieder Russland – nie wieder. Aus!!! – Mein letztes Wort", wetterte er.

DREI BEDINGUNGEN

Es vergingen einige Tage, und Hubert wurde in Bezug auf den Brief nach und nach ruhiger. Nachdem der erste Zorn angesichts dieser, nach seiner Ansicht, ungeheuerlichen Anmaßung, jetzt auch noch Kirchen für Russland bauen zu sollen, verraucht war, kam nach und nach der Gedanke bei Hubert auf, ob dies nicht doch ein Angebot des Himmels sei. *Wenn das ein konkreter Auftrag ist, muss ich das ernst nehmen*, ging sein innerer Dialog weiter.

Bei einem Gottesdienst gab Hubert dann dem Himmel das Versprechen, Kirchen für Russland zu bauen, ganz wie es der Erzbischof angeregt hatte. Wäre Hubert nicht Hubert, so hätte er nicht gleich die Hürden nicht nur hoch, sondern gleichsam über Weltrekordhöhe gesetzt. – Hubert tat's!

Dabei stellte er drei Bedingungen an den Himmel:

Erstens: Ich brauche einen Mann, der befähigt ist, dies zu machen. Er muss mir aber geschickt werden, ich werde keinen suchen.

Zweitens: Ich brauche ausreichend Geld für die Miete einer Halle, Werkzeuge und Maschinen.

Drittens: Ich brauche eine große Halle.

So, mein Teil ist gemacht, dachte er bei sich, *das andere kommt sowieso nicht. Sache erledigt.*

Ein paar Wochen später war Hubert in seinem Büro und wollte an diesem Donnerstagvormittag den großen Poststapel in Angriff nehmen. Er hatte sein Versprechen fast vergessen. Es hatte sich ja bis dahin in Bezug auf die Erfüllung der drei Bedingungen nichts getan. Die liegengebliebene Post der letzten Woche sollte beantwortet werden, da er in der Zwischenzeit eine Pilgergruppe nach Medjugorje begleitet hatte. Als letzter Brief des Poststapels lag ein DIN-A4-Kuvert auf dem Tisch. Da keine Absenderangabe zu lesen war, wollte er das Kuvert schon in den Papierkorb werfen. Interessehalber öffnete er es dann doch und fischte zunächst einen handschriftlichen Zettel mit der Aufschrift: „Für den Kirchenbau in Russland und Kroatien“ heraus. Hubert zog jetzt ein ganzes Bündel einer Art Urkunden aus dem Kuvert. Bei genauerer Betrachtung entpuppten diese sich als festverzinsliche Wertpapiere, die jeder in einer Bank einfach in D-Mark umtauschen konnte. Insgesamt hatte dieses Bündel einen Wert von 350.000 D-Mark. Hubert war entsetzt und sprachlos. Sollte die zweite Bedingung bereits erfüllt sein? Da fiel ihm noch ein, dass er eigentlich mich, Bernhard, anrufen wollte, um die Abrechnung der Kapelle von Rostov abzuschließen. Er nahm den Hörer und rief bei mir in der Firma an. Der Seniorchef gab den Hörer mürrisch an mich weiter: „Hallo Bernhard, kannst du nächsten Mittwoch nach Beuren kommen? Wir sollten die Kapelle noch fertig abrechnen.“ Ich klärte das mit dem Seniorchef kurz ab und bestätigte den Termin: Mittwoch 16:00 Uhr in Beuren.

Wie ein Blitz schoss Hubert die Szene ins Gedächtnis, als ich mich nach der Besprechung mit ihm noch einmal umdrehte und sagte, dass ich gerne meine Arbeit aufgeben würde, wenn es ein seriöses Angebot gäbe, um nur noch Kirchen für Russland zu bauen. Als ich gegangen war, musste er noch einmal über das Geschehene nachdenken. *So, wie es aussieht, sind jetzt zwei der drei Bedingungen erfüllt. Hubert, du hast ein Versprechen abgegeben, wer A sagt, muss auch B sagen. Ich werde die nächsten Tage mal mit Bernhard telefonieren müssen*, sagte ihm seine innere Stimme.

AUFBRUCH IN EINE NEUE ZEIT

DIE ENTSCHEIDENDE FRAGE

Es war jetzt kurz nach 18:30 Uhr. Bei mir zu Hause klingelte das Telefon. Da es im Flur auf einem kleinen Wandtisch seinen Platz hatte, konnte es schon einmal vorkommen, dass man das Klingeln leicht überhörte. Es wurden damals immer die vertelefonierten Einheiten abgerechnet. Eine Pauschale für einen bestimmten Zeitrahmen gab es vom Telefonanbieter zu dieser Zeit noch nicht. Daher wurde längeres Telefonieren über eine Zeitspanne von mehr als zwei Minuten als pure Geldverschwendung gedeutet. Diese Sichtweise wurde durch deutliche Unmutsbezeugungen meines Vaters aus dem Hintergrund flankiert. Ich musste daher immer die möglichen Zeitfenster abpassen, um die vielfältigen Aktionen der Kreisjugendarbeit ohne größere Zwischenfälle telefonisch abzustimmen.

Zum vierten Mal ertönte das Klingeln des Telefons. Grün, Weiß und Grau waren die Standardfarben dieser Geräte, die es ausschließlich mit Wählscheibe gab. Ich kam gerade von der Arbeit und hatte Glück, als Einziger im Haus zu sein, denn längeres Telefonieren war ja nicht gerne gesehen, wie bei der Arbeit halt auch. Ich meldete mich mit: „Grüß Gott, Bernhard Thoma."

Am anderen Ende der Leitung war Hubert und fragte, ob ich kurz Zeit hätte? Dann begann er, die ganze Geschichte von Sisak/ Bosnien über Rostov am Don noch einmal aufzurollen. Anschließend erzählte er mir vom Brief von Erzbischof Thadäus Kondrusevic und seiner Reaktion darauf: „Ich war echt sauer! Erst gibst du ihnen den kleinen Finger, dann wollen sie gleich die ganze Hand. Ich hab' den Brief erstmal in die Ecke gefetzt."

Hubert berichtete weiter, dass ihn, als er nach ein paar Tagen den Brief noch einmal gelesen hatte, der Gedanke beschlich, dass dies vielleicht eine Anfrage des Himmels an ihn ganz persönlich gewesen sei. Weiter erläuterte er sein Versprechen mit den drei Bedingungen und er erwähnte den Briefumschlag mit den festverzinslichen Wertpapieren.

Dieses Geld aus den Wertpapieren sollte für die Einrichtung der Werkstatt mit den nötigen Maschinen und Werkzeugen, den benötigten Lkw mit Kran und einen Stapler reichen. Die Materialkosten der Holzkirchen und die Transportkosten müssten durch Spenden oder irgendwie anders finanziert werden.

So, jetzt wo er das Geld habe, brauche er noch einen Mann, der das Projekt organisiere, und eine Halle. „Als du letzte Woche bei mir warst und das Angebot zum Kirchenbau bekundet hast, war ich zuerst sprachlos. Dann aber dachte ich: Wer A sagt, muss auch B sagen, darum rufe ich an. Bernhard, kannst du dir noch immer vorstellen, in einer Festanstellung Kirchen für Russland zu bauen?"

Mir zog es fast den Boden unter den Füßen weg. Hatte ich richtig gehört? Sollte sich der Tagtraum vom 1. November 1993 doch erfüllen? Wie sollte denn das alles gehen? Noch viele weitere Fragen rauschten mir durch den Kopf, der dann aber wahrnahm, dass Hubert ja eine Frage gestellt hatte und noch immer auf eine Antwort wartete. Diese Frage blinkte wie ein gelbes Signalschild noch einmal in greller Farbe vor dem geistigen Auge auf: „Bernhard, kannst du dir noch immer vorstellen, in einer Festanstellung Kirchen für Russland zu bauen?"

„Ja, wäre doch toll“, sagte ich zu Hubert.

„Also“, nahm Hubert den Gesprächsfaden wieder auf, „dann müssten wir sehen, wie wir eine Halle finden. Hast du eine Idee dazu, Bernhard?“

„Ich würde einfach mal in einer Regionalzeitung inserieren.“

In der Firma, in der ich arbeitete, lag bei der Post immer eine Ausgabe des ostbayerischen Wirtschaftsmagazins. Dort gab es auch viele Angebote von Dienstleistungen und Vermietungen. „Da sollten wir mal inserieren, Hubert“, sagte ich zu ihm, „800 bis 1.000 m² sollten es schon sein.“

Hubert antwortete: „Gerne, gib doch bitte in diesem Blatt eine Anzeige auf: Halle gesucht, ca. 1.000 m², Lkw-Parkplätze wünschenswert, ab sofort.“

„Okay“, sagte ich, „ich melde mich dann, wenn die ersten Angebote bei mir ankommen.“

„Gut, also noch einen schönen Abend“, verabschiedete sich Hubert und legte den Hörer auf.

Ich musste das Telefonat noch einmal Revue passieren lassen. Hatte ich da gerade zugesagt, eine neue Arbeitsstelle anzutreten? Hieß ja im Umkehrschluss, die bestehende Stelle zu kündigen. Erst gestern hatte ein längeres Gespräch mit der Geschäftsleitung stattgefunden, bei dem die Zukunft des aufstrebenden Betriebes besprochen wurde und ich hier eine zentrale Rolle übernehmen sollte.

Jetzt brauchte ich erst einmal frische Luft, um meine Gedanken neu zu ordnen. Nüchtern betrachtet gab es zwei Optionen: einmal die Möglichkeit, fachlich und finanziell aufzusteigen, eine einmalige Chance, oder sich auf ein Abenteuer einzulassen, dass nur auf dem Fundament eines Tagtraumes aufbaute und so ungeheuerlich war, als würden in Pförring die Stechmücken Samba tanzen und nur Menschen mit ungeraden Geburtstagsdaten stechen.

Die Entscheidung fiel bei mir nicht nur spontan, sondern sofort. Ich hatte doch ein Versprechen in der Bürgersaalkirche am

Grab des seligen Pater Rupert Mayer abgegeben, für drei Jahre dem Himmel ganz uneingeschränkt zur Verfügung zu stehen. Da bedurfte es keiner weiteren Überlegung, wenn ich das Versprechen ernst nahm. Nachdem ich die zwölf Hausgänse im Garten eingesperrt hatte, setzte ich mich an meinen Schreibtisch im ersten Stock und formulierte die Anzeige für das ostbayerische Wirtschaftsmagazin.

DU WIRST DAS ANTLITZ DER ERDE ERNEUERN

Hubert wurde in der Zwischenzeit von einer Pilgerleiterin informiert, dass von der Deutschen Bischofskonferenz ein neues Hilfswerk für den Osten gegründet worden sei und er doch einmal um eine finanzielle Unterstützung dort nachfragen könne. Mit seiner kleinen Digitalkamera machte er sich auf den Weg nach Freising zu Renovabis, was so viel heißt wie „Du (Gott) wirst das Antlitz der Erde erneuern".

Hubert traf Christine, die Regionalleiterin für Russland, im kleinen Besprechungsraum. Er erklärte den Kirchenaufbau in Rostov am Don und die Bitte des Erzbischofs Thadäus Kondrusevic, mit den „Bemühungen nicht nachzulassen". Christine hörte sich die ganze Geschichte an und sagte, dass sie persönlich über solche großen Beträge nicht entscheiden könne. Dies mache das große Gremium nur zwei Mal im Jahr. Das letzte Treffen sei erst letzte Woche gewesen. Und überhaupt müsse ein konkreter Antrag eines Bischofs aus Russland vorliegen, um generell darüber zu entscheiden. Wenn da jeder mit einer so komischen Idee daherkäme, dann würden sie mit ihrer Arbeit nicht nachkommen.

Also fuhr Hubert unverrichteter Dinge wieder nach Hause. Nicht einmal eine Woche später läutete sein Telefon im Büro und

Christine von Renovabis war am Apparat. Plötzlich ganz freundlich, fragte sie Hubert, ob er denn zufällig jetzt Zeit habe. Ihr gegenüber sitze Erzbischof Kondrusevic und würde sich für so eine „blaue Kapelle“ für Russland interessieren. Erstaunt und überrascht schnappte Hubert sich seine Digitalkamera mit dem Film vom Kirchenaufbau in Rostov am Don und startete seinen blauen Passat, um schnurstracks nach Freising zu fahren. Eineinhalb Stunden später stellte Hubert den Film vor und Erzbischof Kondrusevic war begeistert und bestellte vom Fleck weg vier Kirchen für Russland.

Er sagte zur Regionalleiterin: „Das bekommen Sie doch sicher geregelt, liebe Christine.“ Und tatsächlich, 14 Tage später lag der positive Bescheid von Renovabis auf Huberts Schreibtisch.

NEUE HALLE – FEHLANZEIGE

26 Antworten auf meine Anzeige seien inzwischen eingegangen, erzählte ich bei dem Gespräch mit Hubert in Beuren. Gemeinsam wählten wir die drei interessantesten Adressen aus, die infrage kamen. Eine Halle befand sich in der Nähe von Straubing in Niederbayern, eine weitere in der Nähe von Augsburg und eine Halle stand in Ampfing in Oberbayern. Nachdem nun diese drei Angebote auserkoren waren, nahm Hubert sogleich den Telefonhörer in die Hand und wählte die erste Nummer des Anbieters in Augsburg. „Ja, würde mir passen“, hörte ich ihn antworten. Er hielt den Hörer mit seiner linken Hand zu und fragte nun mich, ob ich Zeit hätte, sodass wir jetzt gleich aufbrechen könnten, um die erste Halle zu besichtigen. Da diese sowieso auf dem Weg nach Pförring lag, sagte ich spontan zu.

Als wir beide dort ankamen, sahen wir schon von Weitem, dass die bestehende Infrastruktur, wie Zufahrten und Parkplätze, nicht optimal war. Hubert begrüßte den Landwirt, der das

Angebot geschickt hatte. Der potenzielle Vermieter sperrte das Eingangstor auf und die rostigen Scharniere des Wellblechtores quietschten ätzend. Diese trostlose Halle machte auf die beiden Suchenden keinen positiven ersten Eindruck.

„Die Tore sind aber keine 4,50 Meter hoch", meinte Hubert. Der Vermieter zuckte nur mit den Schultern und sagte abschätzig: „Dann lasst es eben sein." Er war nicht gerade begeistert davon, einem noch nicht gegründeten Verein seine Halle zu vermieten. *Gut*, dachte Hubert, *das war's dann eben nicht.*

Wir fuhren weiter nach Straubing, das als „Gäuboden Gebiet" bekannt ist. Das Wort „Gäu" stammt aus dem Mittelhochdeutschen und wurde für den Begriff „gutes Ackerland" verwendet. Auch dieser Landwirt hatte eine große Halle zu vermieten. Hubert und ich erkannten, dass ein junger Mann, wahrscheinlich der Jungbauer, in der angrenzenden Maschinenhalle mit einem Gerät hantierte. Hubert ging auf ihn zu und fragte, ob er für die Vermietung der Halle zuständig sei. Die Augen auf seine Arbeit gerichtet, deutete er nur leicht mit dem Kopf in eine Richtung und sagte eher uninteressiert: „Do hinten steht de Halle, ihr kennt's es ja oschaugn" und ließ uns stehen. Ich ging voraus zur Halle, Hubert folgte mir. An der Halle angekommen, war sofort erkennbar, dass ein großer Absatz in deren Mitte die Lagerhalle teilte und sie somit für eine Kirchenbauproduktion eher ungeeignet war. Wir wollten aber noch mit dem Bauern sprechen, welche Konditionen er sich denn vorstellte. An der Maschinenhalle wieder angekommen, hörten wir, wie der Jungbauer seiner geschäftig vorbeikommenden Mutter eine Zahl zurief. „Zu feucht, versuch' es nachmittags nochmal", rief sie zurück. Ich ahnte, dass es sich um ein Feuchtemessgerät für Getreide handeln musste, dem der Bauer seine ganze Aufmerksamkeit widmete. Nach einer gefühlten Ewigkeit bemühte er sich doch, uns Interessenten anzusehen, und fragte: „Wos wollt's denn do macha?"

Hubert begann die Antwort mit dem Satz: „Wir möchten hier gerne Kirchen für Russland bauen und …“ Weiter kam er nicht. Mitten im Satz fiel ihm die von hinten andonnernde Bäuerin keifend ins Wort: „Wos wollt's ihr, Kircha bauen? Na, na, na, der Papst und des ganze Gschwerl, na, net mit uns. Schleicht's euch, na, na, Kircha wern bei uns net baut!“

Ich wusste nicht, ob Hubert alles verstanden hatte, denn als gebürtiger Schwabe stellte es sich für ihn schon als eine gewisse Herausforderung dar, eine lupenreine, mit derben Schimpfwörtern gespickte, niederbayerische Ansage richtig zu verstehen. Die Intonation war allerdings auch für Hubert glasklar. Er sagte nur: „Dann fahren wir jetzt zur letzten Halle nach Ampfing.“

EIN VOLLTREFFER

Im Auto besprachen wir die beiden abgelehnten Standorte und kamen zu dem Ergebnis, dass alles so, wie wir es erlebt hatten, in Ordnung war. Denn wenn die Grundvoraussetzungen einfach nicht stimmten, dann sollte es halt eben nicht sein. Knapp 100 Kilometer sind es von Straubing bis Ampfing. Da hier die Route der Pfingstwallfahrt von Pförring nach Altötting verlief, an der ich regelmäßig teilnahm, kannte ich das Gebiet recht gut. Vielleicht war es ja auch ein Hinweis, dass der Kirchenbau in der Nähe des größten Wallfahrtsortes in Deutschland entstehen sollte.

In Ampfing angekommen, suchten wir den Weiler Eichheim. „Do weiter, 2 Kilometer südlich von Ampfing, rechts abbiegend und dann seit's scho do“, wurde uns der Weg von einem vorbeikommenden anhaltenden Radfahrer beschrieben.

Hier waren die Menschen schon deutlich freundlicher. Sicherlich war der Grund nicht darin zu suchen, dass Ampfing im Regierungsbezirk Oberbayern liegt. Hubert steuerte seinen blauen Passat in den geräumigen Vierkanthof. Der Vierkanthof, auch

Vierkanter genannt, ist eine Bauform von Bauern- und Gutshöfen in Österreich und Deutschland in landwirtschaftlich besonders ertragreichen Gebieten. An der Seite stand eine kleine Kapelle; sie schien vor Kurzem erst neu gestrichen worden zu sein. Die weiße Kalkfarbe und das Dunkelgelb der Rundbogenfenster leuchteten im Abendlicht.

Linker Hand befand sich die außen noch unverputzte, aber innen schon fertige Halle. Irgendwie kam mir diese Halle bekannt vor. Genau so hatte ich sie aus meiner Vision am 1. November bei der Rückreise von Russland beim Vorbeifahren an einem Friedhof in Polen in Erinnerung. Konnte das wirklich sein?

Hubert sprach den älteren Bauern an, der gemütlich aus seinem alten Bauernhaus herausschlenderte und nachschaute, warum der kleine schwarze Mischlingshund bellte. Da es schon später Nachmittag war, wurde es merklich kühler. Beim Aussteigen nahm ich meine Jacke mit. Den Landwirt schien die Abendfrische aber nicht zu stören. Nur mit Unterhemd und Hose bekleidet, während nackte Zehen aus den offenen Schlappen blitzten, schien seine eigene Körpertemperatur auf einem anderen Level zu liegen.

Mit einem freundlichen „Grüß Gott, wollt‘s ihr de Halle oschaug‘n?“ klang hier die Begrüßung schon ganz anders als bei unseren beiden ersten Kandidaten. Hubert bejahte die Frage und stellte dem Bauern, der sich mit Anton vorgestellt hatte, eine Gegenfrage, wann denn diese kleine Kapelle erbaut worden sei. In der Regel stammten diese Hauskapellen aus dem 18. oder 19. Jahrhundert und wurden in der heutigen Zeit nur noch, wenn überhaupt, frisch verputzt und gestrichen. Toni erklärte mit seinem gemütlichen Oberbayerisch: „Jo, im Jahr 1989 hob i angfangt und 91 is de Kappel‘n dann fertig gwesen, schaut schön aus, oder?“

Hubert dachte, dass das schon mal ein gutes Zeichen sei. Ich war schon in der Halle, als Hubert und Toni nachkamen. Meine Begeisterung stellte sich sofort ein. Eine riesige Halle, sauber betonierter ebener Boden, viele Fenster auf jeder Seite, die die Halle zu jeder Tageszeit ausreichend mit Tageslicht versorgten. Zwei riesige Industrie-Sektionaltore mit einer Höhe von circa fünf Metern waren die Verbindung zum Innenhof.

An der Decke waren Heizkörper angebracht, die, wie Toni erklärte, mit Gas betrieben würden. Also auch im Winter beheizbar, einfach perfekt. Hubert ließ sich seine Freude über die tolle Halle nicht anmerken.

Als Toni sich kurz entschuldigte, weil das Telefon in seinem Haus läutete, unterhielten wir uns über diese Halle; wir fanden sie perfekt. Große Tore, ausreichende Höhe, befestigter Boden, ein großer Innenhof, der temporär mitgenutzt werden konnte, und eine gute Verkehrsanbindung. Toni war jetzt wieder zu uns zurückgekehrt und die ungleiche Mannschaft besichtigte noch die Außenanlagen.

An der östlichen, an der Zufahrt gelegenen Giebelseite angekommen, sah Hubert ganz oben eine Heiligenfigur, die in einer Nische im Giebel eingelassen war. „Was ist das denn für ein Heiliger?“ Anton erklärte bereitwillig die Geschichte der vor fünf Jahren abgebrannten Stallungen und seine Überlegung, ob er noch einmal eine Halle bauen solle. Da es ein typischer Vierkanthof war und es ja jetzt nur noch ein Dreikanthof gewesen wäre, habe er halt die Halle gebaut. Und er lachte breit über seinen eigenen Scherz. Humor hatte er wenigstens. Er fuhr weiter fort, dass die Baubehörden es zur Auflage gemacht hatten, das äußere Erscheinungsbild wieder aufzunehmen; daher auch die vielen Fenster.

„Und der Heilige do obn, des is da heilige Antonius von Padua, genau wie ich a Anton. Bei uns hoaßt er ja auch Schlamperpatron, der is immer zuständig, wenns’t wos nimma findst. Und i find ständig wos net, aber er hilft immer!“

Und zum Nachdruck dieser, seiner Meinung nach, unverrückbaren Wahrheit, streckte er den Zeigefinger deutlich in die Höhe, als wolle er den heiligen Antonius an den Füßen kitzeln.

Das war für Hubert die endgültige Bestätigung. Anton wusste nicht, dass Hubert vor ein paar Monaten mit einer Fußpilgergruppe an Padua vorbeigekommen war. Diese Pilgerreise führte in mehreren Abschnitten von Marienfried nach Rom. In dieser Etappe war die Gruppe dann am Wallfahrtsort Padua vorbeigekommen. Am Grab des heiligen Antonius, der dort seine letzte Ruhestatt hat, hatte Hubert zu der Pilgergruppe gesagt: „Ich möchte euch einladen, für ein großes Werk mitzubeten, das der Erzbischof Kondrusevic uns ans Herz gelegt hat, nämlich Kirchen für Russland zu bauen."

Hubert streckte nun seine Hand aus und Toni schlug ein. Die Sache war besiegelt. „Ab wann fangst denn an?", fragte Anton. Hubert sagte: „Sobald als möglich. Ich werde einen Mietvertrag aufsetzen, den schick' ich dir dann zu." – Kopfnicken.

Nach der Verabschiedung von Toni stiegen Hubert und ich wieder ins Auto und wir beide waren uns einig: Jetzt gibt es kein Zurück mehr! Versprochen ist versprochen. Eine kribbelige Abenteuerlust war uns beiden deutlich anzumerken.

DIE GRÜNDUNG

OHNE NETZ UND DOPPELTEN BODEN

Nach der Rückkehr von Ampfing setzte mich Hubert zu Hause ab. Nun hatte ich das ganze Wochenende Zeit, noch einmal über die Geschehnisse nachzudenken. Der Traum wurde anscheinend wirklich wahr. Mein Versprechen wollte ich unbedingt einhalten, und so ließ ich mich auf die ganze Sache ein und bat den heiligen Josef bei einer Messfeier um Hilfe und Unterstützung. Da ich ja auf den zweiten Namen mit Josef getauft wurde, war er quasi in Bringschuld.

Seit der Russlandfahrt war ich mit einer nie gekannten Ruhelosigkeit belegt. Nicht im negativen Sinne, sondern eher eine Art positiver, nicht sichtbarer Spannung. Jetzt kannte ich den Ursprung. Der liebe Gott bereitet Menschen meistens schon lange Zeit vor ihrem eigentlichen Einsatz vor. Wenn ich es mir so überlegte, hatte alles seinen Sinn. Eigentlich hatte ich ja Schreiner werden wollen, wurde dann doch Zimmerer, Bundeswehr und Lkw-Führerschein, Meister- und Technikerschule, Zimmermeisterstelle, Einsatz im Krisengebiet und dann Rostov am Don.

Und ab Juni Vollzeit als Kirchenbauer. Wow, grandioser Heilsplan Gottes. Würde das Einkommen reichen? Konnte ich mit einer solchen Arbeit überhaupt eine Familie aufbauen? Solche Fragen kamen parallel dazu immer wieder auf.

Aber wie immer, wenn du für das Himmelreich arbeitest, gilt Jesu Wort:

„Dann sagte Jesus zu ihnen: Als ich euch ohne Geldbeutel aussandte, ohne Vorratstasche und ohne Schuhe, habt ihr da etwa Not gelitten? Sie antworteten: Nein."
(Lk 22,35)

In meinem Holzbaubetrieb in Ihrlerstein hätte ich eine glänzende Zukunft vor mir gehabt. Der Seniorchef wollte sich langsam in den Ruhestand verabschieden, und so hätte ich weitere Aufgaben im Betrieb übernehmen sollen. Dies würde selbstverständlich mit einer deutlichen Lohnerhöhung einhergehen, hatte noch in der vorigen Woche der Juniorchef zu mir gesagt. Und was kam jetzt? *Du gibst die Stelle auf und weißt nicht, ob es nächsten Monat noch eine Arbeit gibt! Ist das ein Problem, Bernhard?,* stellte ich mir selbst die Frage. Ich musste schmunzeln. *Natürlich nicht. Ich habe mich schon so lange auf diese Arbeit gefreut,* gab ich mir selbst die Antwort. *Hau rein, Junge, und gib dein Bestes. – Weniger ist nicht ausreichend!*

WIE SAG' ICH'S MEINEM CHEF?

Montagmorgen 6:30 Uhr im Holzbaubetrieb in Ihrlerstein. Baubesprechung, bevor die Zimmerer um 7:00 Uhr kamen. Thomas, der Juniorchef, rollte einen großen Plan auf den zwei zusammenstehenden Bürotischen aus. Wir hatten den großen Holzbauauftrag von Würzburg also doch bekommen. Die Ausschreibung war knapp gewesen. Wir hatten den Zuschlag nur erhalten, weil wir die größere Produktionskapazität hatten. „Also", sagte Thomas, „jetzt hast du die nächsten Monate reichlich zu tun." Ich hatte mich für diesen Auftrag richtig reingehängt und freute mich eigentlich, dass wir den Holzbau übernehmen durften. „Über das Gehalt sprechen wir dann später."

Wenn einer das Brettspiel Mühle kennt, dann weiß er auch um den Spielzug „Zwickmühle".

„Einen Tod müssen wir sterben."
oder „Wo gehobelt wird, da fallen Späne."

und noch ein paar weitere Sprichwörter meines Opas aus dem Elsass, der ein versierter Schmiedemeister war, halfen mir jetzt nicht wirklich weiter. Na, und trotzdem fiel mir doch noch ein passendes ein:

„Der erste Schmerz ist der beste."

Also frisch durchgeatmet und raus damit: „Ich kündige!"

Ein weiteres Bonmot aus dem Hause Thoma war:

„Da schaust du wie eine Schwalbe wenn es blitzt."

Dieser Ausspruch traf sehr passend auf den Juniorchef zu, als er ungläubig meine Worte einzuordnen versuchte. Ich bemühte mich, ihm zu erklären, dass es nichts mit der Arbeit hier im Betrieb zu tun habe. „Es gefällt mir hier und ich komme auch mit den Mitarbeitern super zurecht."

„An was liegt es dann? Zu welchem Betrieb wechselst du? Bekommst du dort mehr Geld?", fragte er.

„Ich möchte Kirchen für Russland bauen“, war meine Antwort. Ungläubig schüttelte er den Kopf. Wahrscheinlich dachte er: „Der Spinner hat wohl den russischen Wodka nicht vertragen.“

Thomas fragte noch einmal nach: „Und damit kann man Geld verdienen und davon leben?“ Ja, gute Frage – die konnte ich leider nicht beantworten, da ich es ja selbst nicht wusste. Und somit war das Arbeitsverhältnis in vier Wochen zum Monatsende aufgelöst. Als ich nach der Arbeit nach Hause fuhr, musste ich an das Lied denken, das ich jetzt mitsummte: „Ein neuer Tag beginnt und ich freu‘ mich und ich freue mich, ein neuer Tag beginnt und ich freue mich so sehr.“

In den folgenden Tagen stand ich des Öfteren mit Hubert telefonisch in Verbindung. „Wir sollten uns nächste Woche in Beuren treffen und uns überlegen, was alles in der Satzung notwendig sein muss, um so einen Verein zu gründen“, sagte er.

Ich hatte bis dahin noch keinen Verein gegründet, aber es war die logische Herangehensweise, dass ein eigener Rechtsträger für dieses Werk vorhanden sein sollte. Es ging vor allem auch darum, die Geschäftsfähigkeit des Kirchenbauens sicherzustellen. Ich konnte ja schlecht die Lieferung eines Sattelzuges Holzverbundplatten aus Rotterdam mit meinem Raiffeisenbankkonto privat bezahlen. Dafür bot sich ein Verein an, und auch, um rechtskräftige Abschlüsse von Miet-, Lohn- und sonstigen Verträgen vornehmen zu können, war so eine Vereinsgründung vonnöten.

DER GRÜNDUNGSTAG

Der 17. Juni 1994 versprach ein angenehmer, warmer Sommertag zu werden. Ich war heute schon um 4:30 Uhr aufgewacht, ohne Wecker. Den brauchte ich nicht, da ich die Urlaubstage genoss, bis es endlich mit dem Kirchenbau losging. Am Nachmittag würde ich nach Beuren fahren; wir wollten heute den Verein gründen. Vorfreude stieg in mir auf, als ich schwungvoll das Bett verließ. Es wurde schon langsam hell draußen, als mein Blick den Garten durchstreifte und fachmännisch feststellte, dass der Rasen dringend eine Rasur benötigte – mein Job. Aber der Rasen konnte warten, denn ich wollte diesen guten Tag lieber zum Fischen nutzen, denn frühmorgens beißen sie am besten. Wir hatten zu Hause einen Melitta-Kaffeefilter aus Steingut, den ich auf die Tasse stellte, einen Papierfilter reinlegte und zwei gehäufte Esslöffel Bohnenkaffee hineinschaufelte. Der frische Kaffeeduft belebte meinen eh schon wachen Geist und ich freute mich jetzt erstmal auf das Fischen.

Nachdem der Kaffee getrunken, das leckere Marmeladenbrötchen verspeist und der ganze Kladderadatsch wieder aufgeräumt war, schnappte ich mein Rad. Beladen mit zwei Angelruten, Hocker, Reservehaken, Köcher, einer Dose Maiskörner als Köder, Messer und einem großen Kübel für den Fisch, der da eventuell reinkam ... oder auch nicht. Petri Heil und los ging's. Voll beladen schwang ich mich mit akrobatisch anmutenden Bewegungen auf mein Rad (ich konnte froh sein, dass ich nicht an der nahenden Gartenmauer aufprallte) und fuhr die 500 Meter zum See. In meiner Kindheit war hier noch Kies abgebaut worden, daher auch der Name Baggersee.

Der See zeigte sich, in einer märchenhaften Ruhe, von seiner besten Seite. Der Morgennebel lichtete sich durch die ersten jungen Strahlen der aufgehenden Sonne, die sich zaghaft hinter dem dunklen Auwald Stück für Stück hervorschoben. Hocker aufklappen, Angelruten zusammenbauen, Köder aufziehen waren die ersten Routineaufgaben beim Fischen.

Und aufgepasst: Mucksmäuschenstill ist oberstes Gebot! Mein Vater hatte mir viel vom Fischen beigebracht. „Du musst mit der Natur verschmelzen, die Fische hören dich, wenn du am Ufer rumtrampelst", so der hilfreiche Tipp eines alten Fischers. Irgendwie kam ich mir wie ein Indianer vor, der auf der Jagd nach dem einen großen riesigen Ungeheuer war, und nur ich konnte das Riesentier fangen. *Fantasien eines jungen Burschen,* dachte ich, *der zu viele Karl-May-Filme an regnerischen Sonntagnachmittagen im Fernsehen angesehen hat.*

Ich war aber im Hier und Jetzt, holte tief Luft, schwenkte meine Angelrute in einer rhythmischen Bewegung hinter mich, spannte den Körper und in einer fließenden Bewegung schleuderte der Köder an der Angelschnur weit über die Mitte des Baggersees. *Genau dort, wo die dicken Fische vorbeikommen sollen,* dachte ich mir einfach so aus. Die Angelschnur legte sich lautlos über das reglose Wasser. Kleine Flohkäfer erzeugten Mikro-Wellen, während sie scheinbar über das Wasser glitten. Es war in Wirklichkeit die Oberflächenspannung, aber trotzdem toll anzusehen. Und dann diese gewaltige Stille. Dafür liebte ich das Fischen: mit der Natur zu verschmelzen, seinen Gedanken nachzuhängen, während man hellwach und aufmerksam den Schwimmer hypnotisierte, immer in der Hoffnung, dass in dem tiefen Wasser doch noch ein Riesenfisch anbeißen würde. Ein mehrmaliges Ein- und Ausholen der Angelruten erzielte immer dasselbe Ergebnis, eben nichts.

Es ist jetzt schon nach 7:00 Uhr und wahrscheinlich deshalb für heute vorbei, dachte ich, als sich bei einer Angelrute ohne Vorwarnung plötzlich die Schnur spannte und der Schwimmer in den Tiefen des Sees verschwand. Das Adrenalin schoss in bemerkenswerter Geschwindigkeit in die Blutbahn, und ich konnte die Rute gerade noch im letzten Augenblick schnappen, bevor ein „Irgendetwas" – was auch immer – diese für immer in den See mitgenommen hätte. Dafür lebt ein Fischer, für den „Thrill": Kampf Fisch gegen Mann. Die Angelrute bog sich verdächtig, hoffentlich hielten alle Knoten. So wie es aussah, war es diesmal eine „harte Partie". Ganze 25 Minuten dauerte es, bis der Graskarpfen das erste Mal an die Oberfläche kam. Ein gutes Zeichen, dass er schon langsam müde wurde. So, nur noch zwei Meter bis zum Ufer. Zwei Hände waren definitiv zu wenig, um Angelrute mit Fisch und Köcher parallel zu bedienen. Ich hatte den, geschätzt 85 Zentimeter langen, Schuppenkarpfen am Rand des Netzes, als dieser plötzlich und unerwartet einen Schlag mit seinem riesigen Schwanz machte und … weg war er.

Wenn ich die Story am Wochenende bei meinen Freunden erzählen würde, ginge diese sofort in die Schublade: „Anglerlatein". Und genauso prompt käme dann der Witz: „Kommt ein Fischer in ein Lokal und breitet seine Arme links und rechts aus und sagt: ‚Ich habe sooo einen großen Fisch gefangen.' Am nächsten Tag kommt er wieder und wiederholt die Geschichte. Am dritten Tag möchte er das Gleiche wieder erzählen. Aber die anderen Gäste sind vorgewarnt und binden bei den ersten Worten seine Hände zusammen. Mit gefesselten Fäusten, die in die Höhe ragen, sagt er dann: ‚Und so große Augen hatte er!'"

Es geht ja beim Fischen in erster Linie um aktiven Naturschutz. Aussterbende Arten müssen neu eingesetzt und gepflegt werden. Schonzeiten werden strikt eingehalten und die Rahmenbedingungen sind so weit wie möglich zu verbessern, damit die Artenvielfalt eines Gewässers erhalten bleibt. Als Zimmerer sollte man die Natur, den Wald, die Flüsse, den Boden und die gesamte Umwelt doch in einem größeren Zusammenhang sehen. *Beobachte ein Jahr die Schöpfung und du wirst Antworten auf viele Fragen dieser Zeit entdecken.*

Mit diesem philosophischen Gedanken zum Trost machte ich mich wieder auf den Heimweg, der Kübel baumelte leer am Lenker meines Rades hin und her. In ein paar Jahren würde ich einmal mit dem Chef der Sibirischen Eisenbahn und dem zweiten Bürgermeister von Kyubischef, Roman und Victor, in einem Sibirischen See den größten Fisch meines Lebens mit der Rute fangen. Aber dies lag noch weit verborgen in der Zukunft. Die Eindrücke jedoch, die ich an diesem Morgen mitnahm, begleiteten mich jetzt auf dem Weg nach Beuren. Ein guter Tag, um Geschichte zu schreiben.

DIE VEREINSGRÜNDUNG

Wir wollten uns um 14:30 Uhr in Beuren treffen. Da ich etwas früher ankam, war ich der Erste. Maria bereitete gerade einen Kaffee und etwas Gebäck für die anstehende Sitzung im großen Besprechungsraum vor. Dieser ehemalige Gastraum diente inzwischen als Ort der Zusammenkunft für Wallfahrts- und Hilfstransport-Planungen. Im Nebenraum befand sich die hausinterne „Poststelle" für den Versand der Pilgerpost innerhalb Deutschlands.

Durch die kleinen Rundbogenfenster drang die Nachmittagssonne in den Raum und erleuchtete Abschnitte des Besprechungstisches mit einem warmen Licht. Der Kaffeedampf in meiner Tasse bewegte sich in spiralförmigen Schlingen in Richtung Holzdecke.

Ein Luftzug verwirbelte die Dampfwölkchen. In der Tür stand ein Mann, Krawatte, blaues Hemd, einen Aktenkoffer in der linken Hand. Er kam auf mich zu, streckte mir seine Hand entgegen und sagte: „Hallo, ich bin Paul." Paul stellte sich mir als Steuerberater vor, der den hiesigen Verein schon seit Jahren diesbezüglich begleitete. Zeitgleich kamen Hubert und Richard vom ersten Stock zur Besprechung. Hubert begrüßte uns beide und stellte Richard vor. „Er ist verantwortlich dafür", sagte Hubert, „dass der Weltjugendtag jetzt in Deutschland auch bekannt wird."

Richard erzählte mir die Geschichte, wie er selbst beim ersten Weltjugendtag mit dabei war. Diese spannende Erzählung war noch nicht zu Ende, da stieß Axel dazu. Seit unserer gemeinsamen Fahrt in das Kriegsgebiet in Kroatien hatten wir einige Male telefoniert.

Mit einem freundlichen „Hallo“ in die Runde kam Albrecht in den Raum. Die anderen kannten Albrecht offensichtlich recht gut. Axel sagte zu ihm, der in einer ungewöhnlichen Knickerbockerhose steckte: „Das ist unser Zimmermann.“ Zum Schluss kam dann ein Priester mit langer schwarzer Soutane auf mich zu und begrüßte mich. Seine wachen Augen fielen mir als Erstes auf. Sie wirkten, als ob sich ein scharfer Verstand dahinter verbergen würde.

Sieben Personen waren nötig, um einen Verein zu gründen, hatte Hubert mir letzte Woche am Telefon erklärt. Er werde bis zum Treffen noch weitere fünf dazu einladen.

Hier saßen also alle hochkarätigen Männer, die in der und für die Kirche hundertprozentigen Einsatz brachten, sowie ein beeindruckter Zimmerermeister, für den diese Welt bis dahin noch nicht sonderlich bekannt war.

Erich, der Priester, begann mit einem Gebet und der Bitte, dass der Heilige Geist diese Versammlung leiten möge – und los ging es. Die erste Stunde berichteten Hubert und Axel über den Einsatz im Krisengebiet in Kroatien und die aktuellen Hilfstransporte. Erich war damals als Apostolischer Visitator für die Selig- und Heiligungsprozesse in der Diözese Augsburg zuständig. An Sonntagnachmittagen hielt er auch Katechesen in Marienfried.

Name, Sitz, Geschäftsjahr und Rechtsfähigkeit müssen in Paragraf 1 einer Vereinssatzung festgelegt werden. „Kapellen für den Osten“, nannte Hubert seine Vorstellung. Zur Sprache kamen auch Namensvorschläge wie „Der Kirchenbau“ oder „Kapellenverein“, und noch einige weitere Ideen wurden geäußert. Erich verfolgte die Diskussion schweigend. Er meldete sich zu Wort und brachte einmal die Begrifflichkeiten und deren Bedeutung in die richtige Reihenfolge. Er meinte, dass es schon hilfreich wäre, die Tätigkeit des Vereines im Namenstitel zu verwenden, um Klarheit zu schaffen. „Der Name Kapelle kommt von lateinisch cappa ‚Mantel‘; Diminutiv capella. Damit wurde ursprünglich der Ort bezeichnet, an dem im 7. Jahrhundert die Mantelhälfte des heiligen Martin von Tours in Paris als Reliquie verehrt wurde. Die Capella, der Name für den kleinen – abgeschlossenen – Raum, war schon im Althochdeutschen als Kapella gebräuchlich. Die Gruppe von Klerikern, die in dieser Kapelle den Chordienst und die Stundengebete besorgte, wurde als Capellani (Kaplane) bezeichnet. Eine Kirche dagegen ist eine stabile Gemeinschaft, die von einem Priester geleitet wird und nicht unbedingt ein Gebäude benötigt. Wenn wir die Kirche als Gebäude betrachten, ist dies ein Ort, an dem Christen zusammenkommen, um Gottesdienste und Heilige Messen zu feiern und miteinander zu interagieren."

Jetzt konnte ich sicher sein, dass hinter diesen Augen auch ein wacher, scharfer Verstand wohnte. Albrecht, als Jurist, formulierte die einzelnen Satzungstexte druckreif. Dem stand Paul als erfahrener Steuerberater um nichts nach. Und so wurden gemeinsam die einzelnen Satzungspunkte wie Vereinszweck, Gemeinnützigkeit, Mitgliedschaft und noch einige weitere administrative Zusätze innerhalb einer guten Stunde festgelegt.

„Ich halte fest", so Hubert, „um 16:45 Uhr am 17. Juni 1994 ist der Verein „Kirchen für den Osten e.V." offiziell gegründet worden – Glückwunsch!"

DER NEUSTART

DER BEGINN

Mit zitternden Händen sperrte ich die kleine Eingangstür an der Giebelseite der großen Halle auf. Hier sollte also meine neue Wirkungsstätte für den Kirchenbau sein, ging es mir durch den Kopf, als ich die Schwelle überschritt. Vor mir eine fünfzig Meter lange und zwanzig Meter breite Halle.

Vollkommen leer. Außer einem Brennholzscheit, das anscheinend vom Anhänger auf den grauen Betonboden heruntergefallen war, war die Halle leer. Sie sah aus wie ein unbeschriebenes Blatt Papier. „Auf, Bernhard", sagte ich zu mir, „jetzt fängt die Arbeit erst richtig an."

Als Erstes brauchte ich Maschinen und Werkzeuge. Dann musste ich Holz beim nächsten Sägewerk bestellen, um die Arbeitstische zu fertigen. Wo gab es hier denn ein Sägewerk? Schrauben, Nägel, ich brauchte ein Lager, um das alles übersichtlich zu ordnen.

Punkt für Punkt, wie ein exaktes Uhrwerk, listete ich die Arbeiten der folgenden mindestens vierzehn Tage im Kopf auf. Ich war dankbar dafür, dass ich in verschiedenen Holzbaubetrieben so viele unterschiedliche Tätigkeiten hatte erlernen dürfen, sodass ich, bei null beginnend, konzentriert, aber mit viel Freude eine Kirchenbauhalle planen konnte.

Anton kam mir entgegen und fragte mich schelmisch, ob der Platz denn reichen würde und dass ich mich in der Halle nicht verlaufen solle. Nach einem herzhaften Lachen zückte er eine Schnupftabakdose, die ihm anscheinend in der linken Hand festgewachsen war, und platzierte zwei große Berge Schnupftabak auf dem rechten Handrücken. Mit einem staubsaugerartigen Geräusch bewegte sich der Schnupftabak vom Handrücken in die beiden Nasenflügel. „Mogst auch einmal?", fragte er mich und hielt mir die blaue Dose hin. „Nein danke, am Montag nicht", sagte ich und wir beide mussten grinsen. „Darf ich dein Telefon einmal benutzen?", fragte ich, und er meinte schlicht: „Kumm mit."

Jetzt müsste es bald Mittag sein, dachte ich, als mein Magen sich bemerkbar machte. Die letzten drei Stunden hatte ich nur telefoniert, um meine Liste Punkt für Punkt abzuarbeiten. Ich schaute aus dem beschlagenen Fenster des alten Bauernhauses auf die Kirchenbauhalle. Anton hatte mir angeboten, sein Schlafzimmer mit dem kleinen Tisch, auf dem das Telefon stand, zum Arbeiten zu nutzen, bis ich mich eingerichtet hatte. Dankbar nahm ich das Angebot an. Anton war alleinstehend und dementsprechend kreativ in der Aufbewahrung von Wäsche.

Heute würde man zu solch einem Raum „multifunktionaler Arbeitsraum mit Entwicklungspotenzial" sagen. Mich störte es nicht, da ich ja dank der Bundeswehr und unserem Schlafquartier in Rostov am Don schon etwas abgehärtet war. Ich musste irgendwo in Ampfing eine Unterkunft suchen, wo auch einige Helfer übernachten konnten. Mein Magen knurrte inzwischen so laut, dass das Telefon mit der vergilbten Wählscheibe schon leicht vibrierte. Anton gab mir zwei Adressen von Metzgereien, die auch Mittagstisch anboten – ich war gerettet. Für den Nachmittag standen noch einige Telefonate auf der Liste, dann war Feierabend. Als ich meinen BMW startete, um die zwei Stunden nach Hause zu fahren, war es bereits dunkel.

DIE PRODUKTIONSHALLE WIRD EINGERICHTET

Zwei Wochen waren bereits vergangen, seit ich meinen ersten Arbeitstag in Eichheim verbracht hatte. Die weiteren Bestellungen hatte ich von zu Hause aus koordiniert.

Auf meiner Zeichenplatte in meinem Zimmer in Pförring entstanden dann die Werkpläne für die Abbund-Tische. Dort sollten in naher Zukunft die Hölzer und Verbundplatten für die Fertigbauteile der Kapellen zusammengebaut werden.

Zum Anlieferungstermin der Hölzer für die Arbeitstische müsste ich dann wieder nach Eichheim fahren. Zuvor hatte ich mich bei zwei Maschinenhändlern umgeschaut. Eine Abricht- und Dickenhobelmaschine, eine große Tischkreissäge, eine Tischfräse und eine Schleifmaschine standen auf dem Wunschzettel. Ich besorgte mir gebrauchte Qualitätsmaschinen. Das hatte den Vorteil, dass diese preislich erschwinglich waren, aber eine hohe Präzision aufwiesen. Das Budget durfte aber nicht überschritten werden.

Ich hatte Hubert schon vor ein paar Wochen gebeten, einen Aufruf für Hilfskräfte im Heft *„Medjugorje-Aktuell"* einzustellen, denn allein ließ sich die Arbeit nicht erledigen. Hubert hatte mich an diesem Vormittag angerufen und mir mitgeteilt, dass sich schon drei Interessenten gemeldet hätten, ich sollte mich mit diesen einfach in Verbindung setzen. Von Axel kam der Tipp, dass er einen jungen Schreiner kenne, der eventuell für diese Aufgabe infrage käme.

Wir vereinbarten mit Josef, dem Schreiner, einen Termin in Beuren. Er erzählte uns, dass er eine neue Arbeitsstelle suche, weil sein bisheriger Betrieb nicht mehr alle Schreiner beschäftigen könne.

Längere Monologe zu führen war definitiv nicht seine Stärke. Aber mit seiner ruhigen und souveränen Art schien er gut in das

Der heilige Josef und sein Lehrling Bernhard Thoma

Team zu passen. Seppe sagte, dass er aus einer Musikantenfamilie komme. Er spiele Akkordeon und sein Bruder und Vater spielten Harfe. *Ein gutes Argument*, dachte ich, *von meiner Seite aus eingestellt.* Wir verabredeten uns für Freitag; da sollte ja schon die erste Holzladung vom Sägewerk kommen.

UNSERE UNTERKUNFT

Um 7:30 Uhr war ich schon an der Halle. Anton hatte uns ein gutes Quartier bei seinem Cousin in Etzham organisiert, keine zwei Kilometer von unserer Halle entfernt. Einfache, aber freundliche Landwirte, die den ersten Stock für uns zur Verfügung stellten. Die Miete war günstig. Wir hatten eine kleine Küche mit schönem Aufenthaltsraum und ein großes Zimmer, das noch zum Schlafsaal für die Helfer, die hoffentlich kommen würden, umgebaut werden musste. Beim Kippen der Fenster konnte ein deutlicher Zusammenhang zwischen dem Rinderstall und den in der Wohnung befindlichen Gerüchen und Fliegen hergestellt werden.

Ich fuhr mit meinem Auto in die leere Halle. Diese war so groß, dass hier sogar ein Rennen hätte stattfinden können. Seppe und ich luden meine privaten Zimmerermaschinen aus dem vollbepackten Kofferraum meines BMW. Bis die anderen bereits bestellten Handmaschinen eintreffen würden, musste ich auf mein eigenes Werkzeug zurückgreifen. Zum Glück hatte ich mir immer wieder Qualitätsmaschinen gekauft; die konnten wir jetzt für den Beginn gut gebrauchen.

DIE ERSTE LIEFERUNG

Ein großer Traktor mit einem Anhänger voller Holz fuhr in den geräumigen Innenhof. Peter stieg von seinem Fahrzeug und kam mit den Worten auf mich zu: „Bist du der, äh, Kirchenbauer?" Große Skepsis las ich im Gesicht des Sägewerkmeisters. Hier sind die Menschen vorsichtig und trauen einem Neuen nicht so leicht. Darum hatte ich auch die Rechnung im Voraus bezahlen müssen. Peter kuppelte den Nachläufer vom Traktor ab. Er rief mir beim Vorbeifahren noch lachend zu: „Ich hol' den Hänger dann später" und fuhr aus dem Hof.

Die erste Holzlieferung

Da wir noch keinen Stapler hatten, mussten wir all diese schweren Hölzer von Hand abladen. Mit dem Abbund, dem Ablängen und Bearbeiten der Hölzer, beginnt für die Zimmermänner die praktische Arbeit. Und die ersten Späne der Kreissäge flogen in einem schönen Bogen lautlos zu Boden.

Genau mit diesem Arbeitsgang begann die Existenz der Kirchenbauwerkstatt, wurde quasi der Lebensatem in dieses Projekt geblasen.

DIE ERSTEN HELFER

Bald darauf kamen Hans, der uns schon in Ihrlerstein unterstützt hatte, und Josef, der Schreinermeister, mit dazu. Im Laufe der Zeit wurden es immer mehr Helfer, die den Vornamen Josef hatten. Kurzerhand „taufte" ich die Josefs, zu denen bayerisch umgangssprachlich Sepp gesagt wird, mit der Besonderheit eines Erkennungszusatzes. So sollten hier einmal der Spielzeugsepp, der Milchsepp, der Dinkelsepp, der Eckbanksepp, der Schlossersepp und noch viele weitere Seppen arbeiten.

Der Eckbanksepp hatte uns ein selbst entwickeltes Stockbett geschenkt. Im Detail perfekt ausgetüftelt. Die zwei Seppen bauten dann in unserer Halle noch drei weitere Doppelbetten und schon hatten wir Übernachtungsplätze für acht Helfer. Wir benötigten noch weitere vier Wochen, um die Halle komplett einzurichten. Die zentnerschweren Maschinen mussten vorsichtig abgeladen und auf Position gebracht werden. Wir waren damals froh, schon einen großen gelben gebrauchten Stapler unser Eigen nennen zu können. Die Absauganlage für die Hobelspäne hatte ich neu erworben, da es zu diesem Zeitpunkt keine gebrauchten Anlagen gab.

Freitagnachmittag, ich blickte von meinem Büro in die Halle. Alle Abbund-Tische waren diese Woche fertig geworden und die

Josef im Doppelpack

Maschinen angeschlossen. Die Absaugung funktionierte bei allen Maschinen und das große Regal, das unterhalb meines Büros lag, war fertig eingerichtet und aufgefüllt. Josef und die Helfer waren bereits nach Hause gefahren. Am Montag sollten neue Helfer kommen. Es hatte sich jetzt schon in verschiedenen Kreisen herumgesprochen, dass in Ampfing „ein paar Verrückte" Kirchen bauten. Das musste man gesehen haben, da gab es dann sicher viel zu erzählen.

Ich war zufrieden, in dieser kurzen Zeitspanne eine komplette Abbund-Halle auf die Beine gestellt zu haben – einfach großartig! Jetzt wurde es aber auch Zeit, abzuschließen. Heute Abend war wieder Jugendvesper in Pförring und später wollte ich ja noch Katharina treffen. Besser ging's nicht.

DIE HELFER KOMMEN

WIE EINE KIRCHE ENTSTEHT

Montag, der 25. Juli 1994. Es versprach ein richtig heißer Sommertag zu werden. Bis Mitte der Woche sollte eine Regenfront durch Südostbayern ziehen. Jetzt, um 6:30 Uhr, herrschte noch eine angenehme Temperatur.

An diesem Tag sollten zwei ganz unterschiedliche Trupps kommen. Eine Gruppe bestehend aus drei Helfern, alles Metallbauer aus dem Großraum Augsburg, die ich gerne für die Produktion der Eisengestelle der Kirchenbänke einsetzen wollte. Ein weiterer Trupp kam aus Hessen. Ein ehemaliger Bauunternehmer, Josef, wie er am Telefon sagte, wollte gerne beim Kirchenbau mithelfen. Die Hessentruppe könnte ich sehr gut bei der Vorfertigung der Fertigfundamente einsetzen, dachte ich.

Betonsepp würde zu ihm, als Unterscheidungsmerkmal der vielen Josefs, gut passen. Letzte Woche hatte ich bereits einen Lkw mit Betonkies vor die Halle liefern lassen. Von dem naheliegenden Baywa-Baustoffhandel sollte heute um 9:00 Uhr eine Palette Zement kommen. Wasser in einer großen Tonne und eine alte Betonmischmaschine von Anton warteten schon auf ihren Einsatz.

Ich stand gerade an meiner Zeichenplatte und hatte die ersten Werkpläne der Bodenelemente fertig. Diese Woche wollte ich gerne neben den Kirchenbänken und den 2,20 Meter langen Betonfertigfundamenten auch mit dem Zuschnitt der Hölzer und Werkplatten für die Bodenelemente beginnen. *Jetzt fängt der Laden an zu brummen*, dachte ich, als ich im Innenhof zeitgleich einen VW Golf mit den Hessen und den alten grünen Mercedes der Schlosser einfahren sah. Die Uhr zeigte nun 8:30 Uhr. Ein Baywa-Lkw kam dazu und brachte wahrscheinlich den Zement. Zeitgleich wartete ein schwerer Lkw-Sattelauflieger in der Einfahrt, um ebenfalls in den schon voll besetzten Innenhof zu gelangen. Jetzt ging's los, beim Filmdreh würde man sagen: „Uuuund Action!"

DIE LIEFERUNG

Seppe schwang sich geschmeidig auf den Stapler und hob die Palette mit Zement von der Ladefläche des Baywa-Lkw. Kaum hatte dieser den Hof verlassen, parkte der Sattelzug auf dem Platz. Ein Rumäne stieg aus, so schloss ich nach einem schnellen Blick auf das Kennzeichen, und er sagte kurz und prägnant: „Holz, Rotterdam, abladen, kein Problem."

Es stellte sich heraus, dass er direkt vom Rotterdamer Hafen aus die Ladung nach Eichheim transportiert hatte. Bei unserem regionalen Holzhändler hatte ich die Preise angefragt und einen top Preis für die Holzplatten der Innen- und Außenverkleidung erhalten. Der Deal war nur, dass es ein ganzer Sattelzug Ware sein musste.

13,70 Meter Länge auf 2,50 Meter Breite, und das auf 2,50 Meter Höhe. Da passt eine ganze Menge Holz drauf. Nachdem der Fahrer den Lkw abgeplant hatte, interessanterweise mit einem Schiebesystem, händelte Seppe die einzelnen Paletten bis Mittag souverän. Hub für Hub füllte sich das Vorratslager in der Halle. Gegen Mittag war alles entladen und ich sah dem abfahrenden Lkw noch hinterher. Die schiebbare Plane musste ich mir merken, bei dem Kirchenaufbau in Rostov am Don hatten wir so etwas noch nicht gehabt.

ABTEILUNG EISEN UND BETON

Hans, der Schlosser, ab jetzt Schlosserhans, war der Chef für die Eisengestelle der Bänke. Er war schon dabei, eine Schablone für das Grundgerüst auf einer Mehrschichtplatte aufzuzeichnen. Der Zithertoni schnitt die ersten Eisenteile mit der Bandsäge auf Länge zu. Der ausgesprochene Name ließ vermuten, dass er immer zitterte. Dies war aber nicht der Fall. Er war einfach ein bekannter Zitherspieler aus der Nähe vom Wörthersee. Der Dritte im Bunde war Erwin, ein ebenfalls pensionierter Unternehmer, der Maschinen entwickelt hatte, jetzt aber schon in Rente war. Sein erfolgreichstes Projekt war einmal die Konstruktion und Fertigung eines Bohrgerätes gewesen, das Rohre und Kabel unter einer Straße durchschießen konnte, wie er mir sagte.

Die Schlossertruppe aus Oberbayern

Letzte Woche hatten Seppe und ich schon die Schalung für die Fertigbetonteile vorbereitet. Betonsepp und Erich zogen die Betonmischmaschine zum Kieshaufen. Stecker eingesteckt und schon surrte sie. Typisch Handwerker eben. Da wurde nicht lange diskutiert, ob es nicht doch sinnvoller wäre, wenn sich die Betonmischmaschine links rum drehen würde oder die Zementverpackung eher vegan sein sollte. Es war schon beeindruckend, wie diese Männer ihr Fachwissen für den Bau einer Kirche wie selbstverständlich einsetzten. Erich war schon über 70, wie er sagte. Er schaufelte gerade den Kies in die Betonmischmaschine. Auf die Frage, ob er denn nicht einmal Pause machen wolle, sagte er nur in einem klaren hessischen Dialekt: „Solang‘ ich schaffe ka, schaffe ich. Später ka ich mich im Himmel no lang gnug ausruhe!“

UNSERE FEIERABENDE

Um 18:00 Uhr machten wir Feierabend. Für mich war es eine neue Erfahrung, Gebet und Arbeit mit Arbeitskollegen zu verbinden. Fast wie eine benediktinische Gemeinschaft.

Am Morgen starteten wir mit einem kurzen Morgengebet, nach dem Mittagessen stand der Rosenkranz auf dem Programm, und am Abend sangen wir gemeinsam den „Engel des Herrn“. Ehrlicherweise muss ich zugeben, dass mir dies am Anfang nicht leichtfiel. Es war aber notwendig, um die geistige Dimension unserer Arbeit immer wieder ins Gedächtnis zu rufen. Für viele Helfer war es eine Selbstverständlichkeit, Einzelne taten sich mit den Gebetszeiten schwerer. Aber jeder Helfer respektierte die Entscheidung jedes Einzelnen.

Nach dem Abendgebet freute sich die ganze Truppe auf ein kühles Bierchen in der Brotzeitstube, die an die Werkhalle angrenzte. Trotz der langen Arbeitstage ging es oft richtig lustig zu. Ein Witz jagte den anderen. Manche Geschichten waren für Hes-

Die Maler aus der Oberpfalz

sen nicht lustig, aber umso mehr bogen sich die Oberpfälzer vor Lachen und dann war es wieder genau umgekehrt.

Zithertoni, Seppe, Eckbanksepp und noch viele weitere urige Musikanten sollten uns an manchem Feierabend musikalisch exzellent begleiten. Wenn das Licht spät am Abend dann ausgeschaltet wurde und die Truppe zu unserem Quartier nach Etzham fuhr, war es meistens schon weit nach 22:00 Uhr. Am nächsten Morgen läutete der Wecker, wie jeden Morgen, um 5:30 Uhr und ein neuer Tag für den Kirchenbau begann.

HELFER AUS GANZ DEUTSCHLAND, ÖSTERREICH UND DER SCHWEIZ

Jede Woche war ich auf das Neueste erstaunt, wie der Himmel mir fremde Menschen zur Seite stellte, um gemeinsam an so einem großen Projekt zu arbeiten: große Helfer, kleine Helfer, Bäcker, Postbeamte, Messner, Steuerberater, Malermeister, Schlosser, Berufskraftfahrer, Linkshänder, Lacto-Vegetarier, Trennkostfans,

Die Turmspengler – Familie Pollin aus Schamhaupten

Nur-Fleisch-Esser, Helfer mit langen Haaren, Helfer mit gar keinen Haaren, Studenten, Schüler, Spengler, Ingenieure für Atomkraftanlagen und SPD-Wähler, um nur einige der circa 500 ganz unterschiedlichen Menschen aufzuzählen.

Aus dem ganzen Bundesgebiet kamen sie mit den unterschiedlichsten Dialekten in den kleinen Weiler nach Eichheim, um Kirchen zu bauen. Es kamen auch aus Österreich Helfer und einige sogar aus der Schweiz. Im Nachhinein betrachtet war jeder Einzelne wichtig und wertvoll. Immer waren die richtigen Helfer zur richtigen Zeit da. Trotzdem war es am Montagmorgen immer spannend, wer denn neu dazukommen würde.

RUSSLAND, WIR KOMMEN WIEDER!

Im Dezember 1994 war es dann so weit: Die ersten beiden blauen Kapellen wurden in Rasdolnoje und Mamonowo, im Kaliningrader Gebiet, errichtet. Das ehemalige Königsberger Gebiet lag nur einige Kilometer hinter der polnischen Grenze auf russischem

Territorium. In Rasdolnoje trafen wir auf Victor, einen Russlanddeutschen, der dieses Dorf mit Bekannten gerade aufbaute. Victor sollte uns auf den nächsten Fahrten immer begleiten.

Sein großes Gottvertrauen, sein Verhandlungsgeschick und sein Einfallsreichtum sollten uns später noch über viele Hindernisse hinweghelfen. Aus der ersten Fahrt nach Rostov hatten wir viel gelernt. Dies versuchten wir bei dieser erneuten Fahrt umzusetzen.

Die erste Heilige Messe gemeinsam mit der Gemeinde zu feiern, war immer das beeindruckendste Erlebnis solch einer Reise. Babuschka Nadja aus Mamonowo standen Tränen in den Augen, als sie mich nach der Heiligen Messe anhielt: „Vielen Dank, dass ihr uns eine Kirche aufgebaut habt. So lange haben wir gebetet, jetzt ist das Gebet erhört worden, Gott soll euch alle segnen."

So verging also das erste Kirchenbaujahr in Eichheim, dem kleinen Vorort von Ampfing. Im März war dann schon die nächste Tour nach Swetlyi und Salesyie geplant, ebenfalls in das Kaliningrader Gebiet. Dies waren ja die vier Kirchen, die Erzbischof Kondrusevic bei Renovabis bestellt hatte.

Der Kirchenaufbau in Swetlyi sollte eine regelrechte Schlammschlacht werden. Eine Woche nur Regen, der den Lehmboden in eine einzige Schlammpfütze verwandelte. Eine große Aufgabe für den Aufbautrupp. Unsere Lkw mussten mit einer riesigen russischen Planierraupe auf die Baustelle gezogen werden. Trotz dieser vielen Hindernisse wurde aber auch Kirche Nummer vier fertig. Und rechtzeitig zur Einweihungsfeier strahlte die Sonne, ganz so, als wäre das Wetter nie anders gewesen.

WARTEN AUF DEN NÄCHSTEN AUFTRAG

Nach dieser anstrengenden Aufbauaktion in Russland war ich ganz schön geschafft. Die lange Vorbereitungszeit, Produktion, Fahrt,

Aufbau und Rückreise forderten ihren Tribut. Sollten wir noch einmal eine solch lange und strapaziöse Reise machen, müssten wir mehr auf genügend Ruhezeiten achten. „Sollten“ deshalb, weil ich nach dem Aufbau dieser vier Kirchen noch nicht wusste, ob und wie es weitergehen würde. Es waren zwar einige Anfragen von Bischöfen bei Renovabis eingegangen, so die Regionalleiterin auf Anfrage, aber bis dato weder eine konkrete Anfrage noch ein Auftrag.

Eine Woche später: Montagmorgen, 7:00 Uhr. Ausgeschlafen und gut erholt kam ich in Eichheim an. Die letzten sieben Tage hatte ich definitiv gebraucht, um die Akkus wieder aufzuladen. Als ich aus dem Auto stieg, wurde ich vom „Wächter“ begrüßt, einem ungarischen Hirtenhund, der mit seiner puren Größe schon jeden Eindringling in die Flucht schlug. Wenn „Wächter“ seine riesigen Pfoten auf meine Schultern legte, sah ich direkt in gefährliche Augen, die nur eines im Sinn hatten: nämlich ein Leckerli!

Er war aber ein ruhiger und braver Hund. Da er heute kein Leckerli von mir bekam, zog er wieder weiter. Ich nahm den kleinen flachen Schlüssel von meinem Schlüsselbund und öffnete den Briefkasten vom Kirchenbauverein. Der Spielzeugsepp, ein sehr guter Schreinermeister, hatte diesen aus Lärchenholz extra gefertigt und auf der Frontseite des Briefkastens eine Kirche eingeschnitzt. Er hatte damals zu mir gesagt: „Bernhard, ein blecherner Briefkasten für den Kirchenbau, des geht doch gar net.“

Der Spielzeugsepp hatte seinen Namen bekommen, als er aussortierte Holzspielzeuge einer nahen Fabrik für unsere Fahrten spendierte. Alles noch top Produkte, aber mit einem kleinen Lack- oder Produktionsfehler. Die Kinder in Russland freuten sich aber über diese willkommenen Geschenke.

Es gab drei verschiedene Gruppen von Männern:

Die erste Gruppe sagte immer nur: Das könnte man, das sollte man, die ich deshalb als „könnte-man-doch-Mannschaft“ bezeichnete.

Josef (Spielzeugsepp) montiert den Briefkasten

Die zweite Gruppe hatte immer Grundsatzbedenken, egal was passierte. Diese Gruppe nannte ich: „Bedenkenträger“.

Und es gab eine Gruppe, die konstruktive Kritik äußerte und konkrete Lösungen vorschlug und auch umsetzte. Hier passte der Gruppenname: „Umsetzer“.

Spielzeugsepp gehörte zur letzteren Gruppe. Was er ansprach, machte er auch ohne großes Gedöns. Und da es schlecht ausgesehen hätte, einen Blechbriefkasten für einen Holzkirchenbau-Verein zu nutzen, machte er uns eben einen aus Holz. Ein Mann der Tat, wie alle unsere Helfer ein echtes Beispiel und Vorbild.

Als ich den Briefkasten also öffnete, kam mir schon der Brief von Renovabis entgegen. Gespannt nahm ich die Post mit ins Büro und öffnete sogleich, noch im Stehen, den Umschlag.

„Sehr geehrter Herr Thoma, sehr geehrter Herr Liebherr,

wir freuen uns, Ihnen mitteilen zu können, dass Josef Werth, Bischof des östlichen Teiles von Russland, für seine Diözese verbindlich zwei Kapellen beantragt hat ...“

Jetzt war ich doch etwas baff. Nächste Station Sibirien. Unverzüglich kramte ich die Russlandkarte aus dem Landkarten-Fach. Diese hatte ich mir in München in einer Fachbücherei besorgt. Ich klappte sie auf. Erst jetzt wurde mir wirklich bewusst, wie groß eigentlich das Land Russland ist. Von der westlichen russischen Stadt Brjansk bis nach Wladiwostok im ferneren Osten Sibiriens waren es gute 10.000 Kilometer.

DER RUF SIBIRIENS

WO LIEGT TALMENKA?

Diese Reise sollte nach Talmenka führen. Wo ist Talmenka? Ich fand ein Talmenka, ca. 450 Kilometer südlich von Novosibirsk. Da war ich aber erleichtert – nur bis nach Novosibirsk. Ich rechnete grob die Angaben auf der Landkarte zusammen und kam auf über 6.000 Kilometer für eine Strecke. Also okay, das Problem mit dem Tanken müssten wir noch lösen.

Der Stapel Post erreichte jetzt schon eine ansehnliche Höhe. Die Abrechnung der beiden letzten Kirchen sollte ja auch noch erledigt werden. Also war die Sache klar: Da sich die Büroarbeiten für den Kirchenbau deutlich erweitert hatten, brauchte ich Unterstützung. Nach dem Kinobesuch mit Katharina am Wochenende bot sie von sich aus an, mir im Büro zu helfen. Als gelernte Steuerfachkraft und Bankkauffrau eine ideale Besetzung. Zusätzlich war es ein Traum, mit meiner Verlobten gemeinsam arbeiten zu können. Kurzerhand kündigte sie ihre Stelle bei der Sparkasse und ließ sich auf ein Abenteuer der Extraklasse ein. Vorwurfsvoll sah sie mich an, als sie das erste Mal die Berge von Post, Lieferscheinen und Rechnungen im Kirchenbaubüro erblickte. „Hat es hier einen Anschlag gegeben?“, fragte sie und lächelte verschmitzt.

„Na dann mal ran“, war ihr nächster Kommentar, während sie umgehend begann. Ich war froh, denn jetzt konnte ich mich voll auf die Produktion und die neu ankommenden Helfer einstellen. In den nächsten Jahren sollte Katharina übrigens auch drei Mal bei solch einem Kirchenaufbau mit dabei sein, bevor sich der erste Nachwuchs ankündigte.

EINE BERUFUNGSGESCHICHTE

Bei den ersten beiden Einsätzen im Kaliningrader Gebiet war das Kochen während der Fahrt kein Problem gewesen, da wir nur ca. 1.300 Kilometer für die Hinfahrt vor uns hatten. Bei über 6.000 Kilometern stellte sich die ganze Logistik anders dar. Hubert hatte deshalb am Ende eines seiner Vorträge gefragt, ob nicht eine Köchin mit auf die Reise gehen wolle, um die Mannschaft kulinarisch zu versorgen. Ich war darüber aber nicht informiert worden, als eine Bettina in Ampfing anrief. Katharina hatte mit ihr bereits telefoniert und rief mich aus der Werkstatt.

„Hallo, hier ist Bettina, und ich möchte gerne als Köchin mitfahren. Herr Liebherr hat bei einem Vortrag die Stelle angeboten“, sprach eine sehr jung klingende Stimme aus dem Hörer.

Zuerst war ich sauer. Wie konnte Hubert so ein Angebot machen? Eine Köchin mit viel Lebenserfahrung im gesetzten Alter wäre ja noch denkbar gewesen. Aber Bettina, gerade 18 Jahre, frisch vom Gymnasium, wollte mit nach Russland? Zehn Männer, eine junge Frau, betrunkene Russen und ich als Aufpasser bei jedem einzelnen Toilettengang? Diese Fragen brachten mir die ersten grauen Haare. Nein, kommt nicht in die Tüte. Bettina verhandelte allerdings hart. Ich konnte sie schließlich überzeugen, eine Praxiswoche in Eichheim zu absolvieren. Dort konnte sie für zehn Männer kochen und im kleinen Wohncontainer übernachten, der auf unserem Lkw mit dabei war. *Das wird sie heilen*, dachte ich.

Am nächsten Tag stand sie in Eichheim im Büro und begrüßte uns mit einem freundlichen: „Hallo. Wann fahren wir?“ Die

Woche ging schnell vorüber. Bettina hatte sich gut eingearbeitet und neben dem Kochen auch noch in der Werkstatt geholfen. Da sie von einem großen Bauernhof in der Oberpfalz stammte, war sie das Arbeiten gewohnt. Am Freitagnachmittag fragte sie hartnäckig wieder, wann wir denn jetzt losfahren würden. Ich sagte zu ihr: „Das klären wir am Montag in einer Woche." Katharina und ich wollten ab Samstag an einer Fußwallfahrt von Loretto nach Assisi teilnehmen, die Hubert jedes Jahr in Etappen veranstaltete.

„Darf ich mitfahren?", fragte Bettina. „Ich hab' eh nichts anderes vor."

„Wieso nicht?", stellte ich die Gegenfrage. „Du musst aber deine Eltern noch informieren, dass du heute nicht nach Hause kommst, sondern mit uns mitfährst."

„Kein Problem", stellte Bettina fest und hüpfte schon freudestrahlend davon.

Wir hatten traumhaftes Wetter zum Wallfahren. Es war eine angenehme Gruppe und auch einige Helfer aus Ampfing waren mit dabei. Die Nächte verbrachten wir nicht in einem Hotel, sondern spontan in Kirchen, Pfarrhäusern, Lagerhallen, einfach wo Platz und Zeit es zuließen. Am Abend hatten wir immer eine Heilige Messe mit Pfarrer Thomas. Ich bemerkte, dass Bettina sehr still und nach innen gekehrt wirkte, ganz im Gegensatz zu Eichheim, wo sie eher einem Gummiball glich, der auf und ab hüpfte. In Assisi angekommen, übernachteten wir bei den bayerischen Klarissinnen in deren Gästehaus. Das Kloster Santa Croce in Assisi war 1723 von leiblichen Geschwistern aus Bayern gegründet worden. Heute leben die Klarissen-Kapuzinerinnen wie die Gründungsschwestern in strenger Klausur. Einmal in den Orden eingetreten, bleiben sie ein Leben lang in diesem Kloster. Für mich klang das nach „lebenslänglich" – im wahrsten Sinne des Wortes.

Die Gästeschwestern waren überaus freundlich und strahlten eine besondere Herzlichkeit aus. Die Pilgergruppe wollte noch einen Tag die Sehenswürdigkeiten der Umgebung besuchen. Bettina teilte uns beim Frühstück mit, dass sie lieber bei den Schwestern im Kloster bleiben wolle. Wir sähen uns ja dann am Abend beim Bus zur Heimfahrt. Um 18:00 Uhr waren alle Pilger am vereinbarten Platz und für die Abfahrt bereit. „So, sind wir alle da?“, fragte Hubert durch das Mikrofon. „Dann können wir ja fahren.“ Aber Katharina rief laut: „Die Bettina fehlt noch.“

Ich informierte Hubert dann, dass Bettina heute tagsüber im Kloster bleiben und am Abend kommen wollte. Hubert fuhr mit Peter noch einmal zum Kloster, um nachzuschauen. Katharina sagte, dass sie mitführe. Ich blieb bei der Pilgergruppe. Nach einer Stunde kamen die drei etwas verdutzt zurück. „Bettina bleibt im Kloster“, sagte Katharina, „für immer.“ Jetzt war ich an der Reihe, perplex aus der Wäsche zu schauen.

Ein Jahr später wurden Katharina und ich zur Professfeier von Bettina, jetzt Maria Konrada, nach Assisi eingeladen. Es war eine ziemliche Aufregung bei deren Eltern gewesen, als diese erfuhren, dass ihre Tochter von jetzt auf gleich ins Kloster ging und nicht mehr nach Hause kommen würde. Wir übernachteten im schönen Gästehaus. Am Tag vor der Profess, dem Ablegen der Ordensgelübde, konnten wir mit Bettina und der Oberin durch ein vergittertes Fenster sprechen. Bettina strahlte von oben bis unten. Ihr war deutlich anzusehen, dass sie hier ihre Berufung gefunden hatte. Aus dem Hintergrund ertönte eine kräftige bayerische Frauenstimme von einer kleinen untersetzten Nonne, die sich als Oberin vorstellte. Das niederbayerische schalkhafte Lächeln dieser Ordensschwester gab sie als gute Leiterin aus. „Wer is da Zimmerermoaster? Welche Hobelmaschine host du denn?“

Ich bemerkte, dass ich angesprochen war, war aber etwas perplex, eine in bayerischer Sprache gefasste Fachfrage von einer Ordensschwester gestellt zu bekommen. Sie begann laut zu lachen; es herrschte eine freundliche Atmosphäre. Bettina hatte wirklich ihre wahre Bestimmung gefunden.

DER RUF SIBIRIENS

Eine Amsel und ein Rotfink schienen um die Wette zu singen und brachten mich wieder in die Wirklichkeit zurück. Jetzt war es schon fünf Jahre her, dass ich in der Bürgersaalkirche mein Versprechen abgegeben hatte, für den Himmel zu arbeiten. Vielleicht würden es ja mal 30 Jahre – wer weiß? Vier Kirchen hatten wir ja schon im ehemaligen Königsberger Gebiet errichtet. Jetzt stand die große Fahrt nach Talmenka und Prokopjewsk in Sibirien an. Vier große Sattelschlepper und ein Mercedes-Bus standen, wie an einer Schnur aufgereiht, im Innenhof. Erst letzten Samstag hatten wir den letzten Lkw beladen.

Das Konzept des von mir weiterentwickelten modularen autarken Bauens hatte sich voll bewährt. Wir waren bestens vorbereitet, um auf einer grünen Wiese eine Kirche aufzubauen. Von den Fundamenten über Erdbohrgerät, Montagekran, Bauelemente, Glockenturm, Kirchenbänke, Altar-Elektrik und Gerüst bis hin zu einem Holz-Kohleofen samt Ofenrohr war alles dabei.

Für die Verpflegung hatten wir einen blauen, drei Meter langen Seecontainer, mit einem Fassungsvermögen von 1.500 Litern Trinkwasser, zu einem „Esszimmer" mit einer kleinen Küchenzeile, einem Tisch und zwei Bänken umgebaut.

Zwei große Staukästen unter der Ladefläche waren bis auf den letzten Zentimeter mit frischem Gerstensaft befüllt. Die eine oder andere Entscheidungshilfe für den Zoll würden wir aus diesen Kästen entnehmen müssen. Die zwei Staufächer unter der Sitzbank im Wohncontainer waren hingegen randvoll mit Lebensmitteln bestückt. Jeder Lkw hatte zwei Dieseltanks mit je 400 Litern Diesel. Zwei Sattelschlepper waren angemietet, einen Sattelauflieger stellte Medjugorje Deutschland zur Verfügung. Unsere vereinseigene Mercedes-Dreiachser-Zugmaschine mit Kran, Wohn- und Werkzeugcontainer, mit

Stromaggregat und Ladepritsche für das Gerüst wurde Fahrzeug Nummer eins.

Gerhard, unsere Spezialwaffe, hatte uns fünf Funkgeräte besorgt, um während der Fahrt untereinander in Kontakt bleiben zu können – eine weitere klare Verbesserung. Victor würden wir in Brest auf der weißrussischen Seite treffen. Ab der polnischen Grenze stieß noch ein Lübecker Helfer mit dazu, der uns in seinem Mitsubishi-Pajero-Geländewagen begleitete. Eine bunte Truppe, die sich als außerordentlich gewappnet für die vielfältigen Herausforderungen, die uns auf dieser Reise erwarten würden, bewähren sollte.

Frisches Obst und Gemüse wollten wir, sofern es möglich sein würde, vom jeweiligen Markt oder von den Verkaufsständen an der Straße einkaufen. Vor mir lag der Ordner für den Zoll. Jetzt doch deutlich dicker als bei den ersten Fahrten. So, wir sollten eigentlich alles bedacht haben. Die anderen Fahrer kamen jetzt mit Seppe und Hubert von unserer Unterkunft in Etzham. Punkt 5:00 Uhr morgens war die ganze Mannschaft vor den Fahrzeugen versammelt. Gestern hatte jeder bereits seine persönlichen Sachen in seinen Lkw verstaut.

Kinder aus der Pfarrei Talmenka in Sibirien

Gruppenfoto nach der ersten Heiligen Messe in Kuibyschew

Der Diakon von Ampfing erteilte uns noch den Reisesegen. Wir stiegen in unsere Fahrzeuge und warfen die 450 PS-starken MAN-Dieselmotoren an. Ich hörte die Stimme von Hubert aus dem Funkgerät: „Fahrzeug eins an alle: Sind wir startbereit?" Nacheinander meldete jedes Fahrzeug seine Bereitschaft. Der Konvoi bewegte sich langsam aus dem Innenhof Richtung Sibirien.

Die Sonne leuchtete jetzt in den schönsten Farben über der Isen und wirkte wie ein sibirischer Morgengruß. Ein weiteres Abenteuer hatte begonnen.

„In Gottes Namen, packen wir es an, amen." Und ich schaltete weiter in den dritten Gang hoch.

DANKSAGUNG

Zuerst bedanke ich mich in tiefer Demut bei Jesus Christus, unserem Herrn und Erlöser, dass ich in meinem Leben die Gnade Gottes so konkret und so gewaltig als Zimmermann, wie auch der Heilige Josef es war, erleben durfte.

Ohne meine Frau Katharina und deren Unterstützung wäre mein energisches Naturell an den Klippen der ruhigen und gepflegten Konversation grandios gescheitert. Sie war und ist bis zum heutigen Tag meine „bessere Hälfte“. Die Bibelstelle aus der Lesung von Paulus an die Korinther, bei unserer Hochzeit, bestätigt sich jeden Tag mehr und mehr. Im Kapitel 13,13 schreibt Paulus: „Für jetzt bleiben Glaube, Hoffnung und Liebe, diese drei; doch am größten unter ihnen ist die Liebe.“

Dankbar darf ich ebenfalls für meine beiden besonderen Kinder, Benedikt und Maria, sein, die einen „solchen Knaller“ als Vater erdulden müssen. Als Jugendliche/r ist es sicher nicht einfach, wenn die Eltern vieles diametral anders gestalten als der Rest der Gesellschaft. Da ich in einer Region wohne, in der ein namhaftes Auto-Premium-Unternehmen den Maßstab der beruflich erstrebenswerten Tätigkeit darstellt, werden alternative Berufsausübungen genauso skeptisch gesehen wie ein Eisverkäufer in der Sahara.

Ein herzliches Dankeschön geht auch an all die vielen freiwilligen Helfer, Firmen, Spender und Wohltäter, die es erst ermöglicht haben, unser Hilfswerk „Kirchen für den Osten“ aufzubauen. Bis heute bestehen langjährige und über alle Grenzen hinweg andauernde Freundschaften. Ich kann ihnen allen nur ein herzliches „Vergelt's Gott" aussprechen.

Danken möchte ich ebenso Bischof Clemens Pickel (Saratov, Russland) für sein ermutigendes Vorwort. Ich durfte bei seiner Bischofsweihe am 7. Juni 1998 in Marx an der Wolga anwesend sein und konnte sein fruchtbares Handeln über all die Jahre verfolgen.

Großen Dank bin ich gleichermaßen Hubert Liebherr schuldig. Er ist 1. Vorsitzender von „Kirchen für den Osten e.V.". Sein mutiges Glaubenszeugnis hat mich von Anfang an für diese Arbeit begeistert. Wenn Sie sich jetzt fragen, ob oder wie es möglich ist, dass ein gebürtiger Schwabe als ehemaliger Großunternehmer und ein bayerischer Zimmerermeister 30 Jahre in vielen Ländern dieser Welt zusammenarbeiten konnten, und dies noch immer tun, kann ich Sie beruhigen. Es klappt hervorragend!

Ein weiterer Dank gilt allen Missionaren in den Diasporapfarreien, mit denen wir in den letzten 30 Jahren zusammenarbeiten durften: Gemeindeleitern, Diakonen, Priestern, Ordensfrauen und -männern, Katechetinnen und Katecheten sowie Bischöfen und Erzbischöfen. Ihr aufopferungsvolles gnadenreiches Wirken ist der Grundstein echter und glaubhafter christlicher Gemeinschaft.

Mit wertschätzendem Dank ziehe ich ebenfalls meinen großen Zimmererhut vor meiner Lektorin Dorothee Pfeifer. Ihr muss es gleichsam wie bei einer Folterung damit ergangen sein, meinen Dativ mit den Pronomen und den Konjunktiv, wie auch die Eigenheiten meines bayerischen Dialektes, in ein brauchbares, lesbares und verständliches Deutsch zu bringen.

Über ein Feedback würde ich mich freuen. Schreiben Sie einfach, welche positiven oder negativen Impulse Sie beim Lesen dieses Buches empfunden haben, an: info@bernhard-thoma.de.

Wenn Sie wissen möchten, wie die Geschichte in Sibirien weitergeht, seien Sie gespannt „wie ein Flitzebogen". Fortsetzung folgt: Es gibt noch mehr als genügend spannende Geschichten zu erzählen.

In diesem Sinne: Folgen Sie immer dem Ruf Ihres Herzens.
Ihr Bernhard Thoma

ZUR PERSON

Damit Sie wissen, mit wem Sie es beim Lesen dieses Buches zu tun haben: Mein Name ist Bernhard Josef Thoma, geboren wurde ich am 16. Juni 1967 in Ingolstadt. Seit 1995 bin ich, bis heute, immer noch gerne verheiratet und schätze mich glücklich, zwei wunderbare Kinder zu haben.

Von 1983 bis 1985 absolvierte ich die Ausbildung zum Zimmermann und engagierte mich in der kirchlichen Jugendarbeit als Jugendgruppenleiter und BDKJ-Kreisvorsitzender. In dieser Zeit kreierte ich neue katholische Glaubensformate/Aktionen wie z. B. eine Jugendvesper, gründete die christliche Musikgruppe „Genesis", rief die überregionale Hilfsaktion „Schultaschenweltrekord" ins Leben, organisierte Musikfestivals und vieles mehr.

Den Wehrdienst leistete ich von 1988 bis 1989 bei den Pionieren in Ingolstadt ab. 1990 bis 1992 besuchte ich die Fachschule für Bautechnik/Meisterschule für das Bauhandwerk, Fachrichtung Hochbau, die ich als Zimmerermeister und staatlich geprüfter Bautechniker abschloss. Meine erste Meisterstelle, in einem Holzbaubetrieb in der Oberpfalz, hatte ich von1992 bis 1993 inne.

Dann durfte ich, freudig überrascht, 1993 den Hilfseinsatz des Baus der Nothäuser im Kriegsgebiet im ehemaligen Jugoslawien leiten. 1994 wurde ich stolzes Gründungsmitglied des internationalen Hilfswerkes „Kirchen für den Osten e.V." und sogleich zum 2. Vorsitzenden und technischen Leiter gewählt.

Seit der Gründung 1994 fertigten wir im Verein 32 Kirchen in 15 Ländern mit über 500 freiwilligen, internationalen Helfern – vom Nordkap bis zum Äquator. Neben den Holzkapellen bauten wir auch Ausbildungsbetriebe im Handwerk auf und unterstützten über 50 Klöster, Kirchen und Schulen in der Planung, Logistik und Finanzierung. Von 2007 bis 2008 qualifizierte ich mich zum Fachberater für barrierefreies Bauen und 2009 bildete ich mich zum Betriebswirt des Handwerks weiter, entwickelte die „Spitzer Methode" für christliche Führungskräfte, bin aktuell Dozent an der Handwerkskammer für München und Oberbayern, Seminarleiter, Referent und nicht zuletzt Autor dieses Buches (und vielleicht noch weiterer ...).

„MIT GUNST UND VERLAUB"
IHR BERNHARD THOMA